学校種別の事例で
ポイントがわかる！

特別支援教育「自立活動」の授業づくり

ソシム

　私は、幼稚園や小学校で担任や特別支援教育コーディネーターとして、様々な子ども達や先生と出会ってきました。日々、学校生活や授業のなかで子ども達とかかわればかかわるほど、「自立活動」の重要性を感じました。そして、一人ひとりの教育的ニーズに合わせたオーダーメイドの授業づくりを目指して、研究・実践を積み重ねてきました。

　本書のテーマは「自立活動の授業づくり」です。
　第1章では、自立活動について取り上げています。特別支援教育における自立活動の授業はなぜ難しいのか。それは、目の前にいる一人ひとりの子ども達に、それぞれの実態や教育的ニーズに合わせたオーダーメイドの授業づくりが必要不可欠だからです。学習指導要領に基づきながら、自立活動の基礎や基本について解説をしています。
　第2章では、授業の組み立て方について説明をしています。学習指導要領に示されている「流れ図」を、3ステップにしてまとめました。ステップ①実態把握、ステップ②指導目標の設定、ステップ③指導内容を考える、目の前の子ども達をこれら3ステップで想像しながら読んでみてください。
　第3章と第4章では、事例を通して、「実態把握⇨指導目標⇨指導内容」と「具体的な授業アイデア」について解説をしています。事例はすべて実態把握から始まり、実態把握は特別支援教育の授業づくりに必要不可欠です。子ども達の実態から授業実践に至るまでの3ステップの流れに注目しながら読んでいただけると、自立活動の授業づくりのイメージが深まるでしょう。

特別支援教育とは、「科学的根拠に基づいて想像・創造する学び」です。授業を終えたあとは、記録を残しておくことを推奨します。授業内容や学習成果などの記録を残すことで、より深く子ども達を理解することができます。

　本書で提案する「いるかどり式　３ステップシート」は、巻末資料に掲載しています。本書のコピー、またはソシム株式会社のホームページからダウンロードできますので、実際に使用してみてください（ダウンロード先は目次の最後を参照）。そして、作成した３ステップシートは、個別に保存することで成長や課題を把握することができ、次の学習に向けた実態把握のツールとして活用できます。

　最後に、本書の制作にあたって、空に架かる橋Iメンバーの皆様と一緒に第4章の事例を執筆できたこと嬉しく思います。全国の学校種別の実践は、大変勉強になりました。また、共著を快諾していただいた武井恒様・滝澤健様との打ち合わせや執筆はとても楽しかったです。誠にありがとうございました。前著に引き続き出版にご尽力いただいたソシム株式会社の蔵枡卓史様、深く感謝申し上げます。

　そして、本書を手に取り、今も子ども達のために「学び続ける皆様」に深く感謝申し上げます。子ども達の成長を願い、向上心をもって学び続けている皆様の存在が、私の活動の原動力となっています。これからも、すべての子ども達と子ども達にかかわるすべての皆様の笑顔のために、全力で活動を続けていきます。

　2024年2月

　　　　　　　　　　　　　　　　　　　いるかどり

はじめに

CHAPTER 1

特別支援教育の授業は
なぜ難しいのか？

CHAPTER 2

授業の組み立て方の
コツを知ろう

CHAPTER 3

― 事 例 ―

自立活動の進め方と 授業の基本のコツ

CHAPTER 4

― 事 例 ―

校種別に見る自立活動の
授業実践のポイント

CHAPTER 5

巻 末 資 料

▶ **巻末資料のダウンロードについて**
巻末資料 1 ～ 4 は、下記の URL（二次元コードは右）よりダウンロードいただけます。
https://www.socym.co.jp/book/1458

▶ **シンボル（イラスト）の掲載について**
下記のシンボル（イラスト）は、NPO 法人ドロップレット・プロジェクトのデザインを掲載しております。
（39P、41P、88P〔左上〕、92P〔右上〕、131P〔右〕）

CHAPTER 1

特別支援教育の授業は
なぜ難しいのか？

CHAPTER 1-1

自立活動とは何か?
—— その位置づけ、目的、目標について

- -

ここでは自立活動の特徴や目標、目的、各教育の場における自立活
動の指導の取り扱いなどについて解説します。

▌自立活動の意味

　自立活動についてよく聞かれる質問には、たとえば次のようなも
のがあります。

- 自立活動って何ですか?
- 自立活動は教科なのですか?
- 自立活動はどうやって指導すればいいのですか?
- 自立活動で大切なことは何ですか?

　自立活動という言葉だけでは、なかなか内容を想像できないでし
ょう。では、そもそも自立活動とは何でしょうか?　簡単にいうと、
次のようになります。

「自立活動」は、特別支援学校、特別支援学級、通級による指導
の教育課程において、特別に設けられた指導領域

　つまり、国語や算数などの教科、総合的な学習の時間や特別活動
とは別に、「特別の指導領域」として設けられているものです。関係

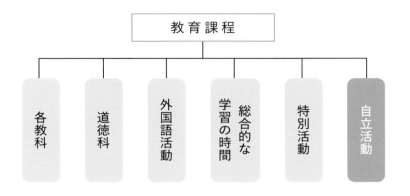

教育課程における自立活動の位置づけ

教育課程

各教科　道徳科　外国語活動　総合的な学習の時間　特別活動　自立活動

性は上図のとおりです。

　障害のある子どもたちは、障害による様々な困難さを抱えています。それは、学習上だけでなく、生活をしていくうえでも同様です。したがって、生活年齢に即して教育するだけでは十分とはいえません。

　自立活動では、個々の得意なことを活かしながら、その困難さやつまずきを改善・克服していくことを目的としています。自立活動を通じて、生活しやすくなったり、学習しやすくなったりすることが求められます。そのため、特別支援教育において自立活動はとても大切な指導領域になります。

┃自立活動の目標は何か？

　文部科学省の「特別支援学校教育要領・学習指導要領解説自立活動編（幼稚部・小学部・中学部）」において、自立活動の目標は、次のように記述されています。

> 個々の児童又は生徒が自立を目指し、障害による学習上又は生活上の困難を主体的に改善・克服するために必要な知識、技能、態度及び習慣を養い、もって心身の調和的発達の基盤を培う

　ここでポイントとなるのは、「**自立**」と「**調和的発達**」です。

　「自立」とは、児童生徒がそれぞれの障害の状態や発達の段階などに応じて、主体的に自己の力を可能な限り発揮し、よりよく生きようとすることです。自己の力を発揮するためには、何ができて何が難しいのかを把握する必要があります。つまり、的確な実態把握が大切になってきます。

　「心身の調和的発達の基盤を培う」とは、発達の遅れや不均衡を改善したり、発達の進んでいる側面をさらに伸ばしたりすることによって、遅れている側面の発達を促すとともに、全人的な発達（人格や社会的立場を含めた総合的な発達）を促進することです。発達の進んでいる側面とは、それぞれの児童生徒の得意な部分や強みの部分であったりします。できない部分や遅れている部分だけに目を向けるのではなく、できている部分に目を向けることも大切です。

　目標からもわかるように、自立活動は一人ひとりの実態に対応した活動であり、よりよく生きていくことを目指した主体的な取組みを促す教育活動です。

　子ども一人ひとりの得意・不得意な側面は異なり、それによって抱える困難さやつまずきも多様です。それに応じるためには自立活動の内容も各子どもの実態に合わせる必要があるため、目標や支援方法も一人ひとり異なってきます。

　つまり、自立活動は、児童生徒の実態に合わせたオーダーメイドの内容ということになります。オーダーメイドの指導や支援を実施することで、困難の改善・克服を目指していきます。

オーダーメイドの自立活動の実施

自立活動

オーダーメイドの自立活動の実施

学習上または
生活上の困難

困難の
改善・克服

学習上または生活上の困難にはどんなものがあるでしょうか。たとえば、右手が不自由で鉛筆を持って字を書くことが苦手な子がいます。教師が代わりに書いてあげればそれで済むのかもしれませんが、困難さに自分で対応できれば、活動の幅も広がっていきます。

そのような子の実態を把握し、右手に合う様々な筆記具を試したり、無理なく行えるプリントを用意したりするなど、オーダーメイドの支援をすることで困難さを改善・克服できるかもしれません。障害による困難さを自分で認識し、対応できる力は、今後生きていくうえでとても大切であると考えます。

┃すべての子どもに自立活動は必要なのか？

自立活動が重要であることはわかりますが、すべての児童生徒に自立活動は必要なのでしょうか？

◉ 自立活動の指導の取り扱い

教育の場	指導の取り扱い
特別支援学校 障害のある子どもが通う、自立を促すために必要な教育を受ける学校	自立活動の内容に関する事項は、特に示す場合を除き、いずれの学校においても取り扱わなければならない
特別支援学級 一人ひとりがニーズに合った教育を受けることを目的とした小集団の学級	障害による学習上または生活上の困難を克服して自立を図るため、特別支援学校小学部・中学部学習指導要領第7章に示す自立活動を取り入れること
通級指導教室 基本的には通常の学級に在籍し、一部特別な指導が必要な場合に通う学級	特別支援学校小学部・中学部学習指導要領第7章に示す自立活動の内容を参考とし、具体的な目標や内容を定め、指導を行うものとする
通常の学級 一般的な集団の学級	障害のある児童生徒などについては、個々の児童生徒の障害の状態等に応じた指導内容や指導方法の工夫を組織的かつ計画的に行うものとする（自立活動の内容を参考にして）

　各教育の場における自立活動の指導の取り扱いを上表にまとめました。教育の場としては、「特別支援学校」「特別支援学級」「通級指導教室」「通常の学級」が考えられます。それぞれ、自立活動の指導の取り扱いも異なります。

　「特別支援学校」や「特別支援学級」では、自立活動の指導が必須となっています。各教科等においても、自立活動の目標や内容を取り扱うことが求められます。

　「通級による指導（通級指導教室）」においては、自立活動の内容を参考にするとされています。ですが、あくまでも自立活動の指導として行うことが大切であり、単なる教科補充の指導とならないようにする必要があります。

「通常の学級」では、すべての子に自立活動を行うことは少ないと思いますが、通常の学級にも特別な支援を必要とする子はいます。

その子の困難さに寄り添うために自立活動の視点はとても大切です。その場合は、障害の状態や困難さの程度に応じて、自立活動の目標や内容を参考にするなどして指導に当たることも考えられます。ですから、すべての教職員が自立活動の指導についての理解を深めていくことが必須であると考えています。特別支援を必要とする子に配慮した授業は、どんな子にとってもわかりやすい授業になります。各教科の指導における合理的配慮*の提供の際にも、自立活動の視点を生かすことが求められます。

＊合理的配慮：障害のある子どもが、他の子どもと平等に教育を受ける権利を享有・行使することを確保するために、学校の設置者及び学校が必要かつ適当な変更・調整を行うこと

> ● POINT ●
>
> 自立活動の目的は、個々の得意なことを活かしながら、その困難さやつまずきを改善・克服していくこと

【参考文献】
・文部科学省（2018）：特別支援学校教育要領・学習指導要領解説自立活動編（幼稚部・小学部・中学部）.
・島根県教育センター（2021）：自立活動ってなんだろう？ Ver.2.
・全国特別支援学校知的障害教育校長会（2018）：知的障害特別支援学校の自立活動の指導，ジアース教育新社.

特別支援教育における
自立活動の位置づけ

- -

自立活動は学習や生活の基盤となるもので、一人ひとりに応じた個
の視点が重要になります。

■ 自立活動はいつ行うのか?

「自立活動はいつ行うのですか?」という質問を受けることがあります。自立活動は、教育課程のなかの「時間における指導」と、それ以外の「各教科等の指導」を通じて適切に行う内容があります。自立活動というと、時間における指導をイメージしがちですが、それだけではありません。**自立活動は、時間における指導を基本としながらも、学校の教育活動全体を通じて行うことが大切です。**イメージは、次ページ上図のとおりです。

この図からもわかるように、自立活動は学習や生活の基盤となります。自立活動の目標である「調和的発達」を目指すためには、調和的発達の基盤を培う必要があり、それを担うのが自立活動なのです。自立活動で発達の土台をつくり、各教科や各教科等を合わせた指導を積み上げていくことが大切です（次ページ下図）。

自立活動は、一人ひとりに応じた個の視点が重要になります。つまり、一人ひとりの学びの中身が異なるということです。各教科等はすべての子どもに共通の視点となり、ここでは学びの段階が異なってきます。いずれにしても、調和的発達の基盤である自立活動はとても重要です。

自立活動の位置づけのイメージ

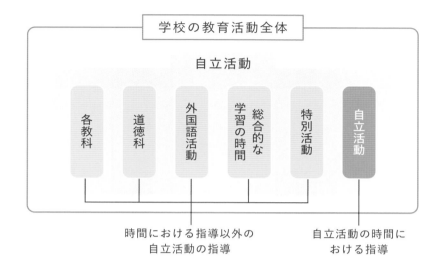

学校の教育活動全体

自立活動

| 各教科 | 道徳科 | 外国語活動 | 総合的な学習の時間 | 特別活動 | 自立活動 |

時間における指導以外の
自立活動の指導

自立活動の時間に
おける指導

自立活動は調和的発達の基盤を担う

調和的発達

各教科等 - - - - - すべての子どもに
共通の視点

自立活動
（調和的発達の基盤） - - - - - 一人ひとりに
応じた個の視点

板書が難しい場合の自立活動の例

　たとえば、板書を写すことが難しい子の自立活動を考えてみましょう。難しいことの背景の1つには、鉛筆をうまく持てないことがあるかもしれません。そのような場合は、自立活動の時間の指導のなかで、手指の巧緻性を高める課題を行うことがあります。指先のつまむ力をつけるために、ビー玉をつまんで容器に入れる活動（写真1）や新聞紙を小さく丸める活動（写真2）などが考えられます。

写真1

茶葉缶の空き容器のふたに十字の切り込みを入れています。その切れ込みからビー玉を押し入れます。抵抗感があるため、指先を使って押し込み、手指の巧緻性を高めます。

写真2

1枚の新聞紙を指先の力で小さく丸めていきます。最初は小さく切った新聞紙を用意し、両手を使って丸めます。できるようになったら、徐々に広げた新聞紙を片手の指先の力だけで丸めていきます。つかむ力やつまむ力をつけていきます。

　直接、鉛筆の持ち方を指導するのではなく、鉛筆を持つために必要な力（上記の場合はつかむ力やつまむ力）を様々な活動を通して学んでいくのも1つの方法です。

　自立活動は、どうしても訓練的な活動や課題になってしまうことが多いです。そうすると、子どもたちのモチベーションが下がってしまうことがあるため、いかに楽しく力をつけさせる活動や課題を考えていくのかも大切になります。そのためには、魅力的な教材・教具を用意することも必要です。

■ ノートの工夫

　続いて、各教科等における指導では、ノートの工夫が考えられます。たとえば、マス目の大きなノートを用意するだけでも書きやすくなる子がいます（次ページ写真3）。

　また、書字が難しい子の負担を減らすために、あらかじめノートに枠を書いておいたり、文字の一部分を書いておいたりする配慮をすることで、どこに何を書けばいいのかがわかりやすくなります（次ページ写真4）。自分で「書きたい」「書こう」という気持ちをもってノートに書き写すことも、教科における自立活動になります。

　さらに、日常生活のなかでも自立活動を意識して取り組むことが大切です。係活動や当番活動のなかで、黒板やホワイトボード、画用紙等に書くことを促します。様々な素材、筆記具、場所でも指先を意識して書く活動を取り入れることで、学んだことが生活に活かされるようになっていきます。自立活動で学んだことをいかに生活に結びつけるか、生活を豊かにするかという視点も大切です。

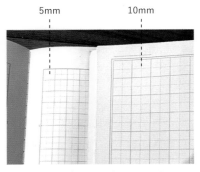

5mm　　　10mm

写真3／マス目の大きなノート

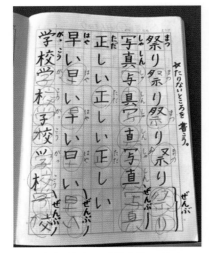

写真4／文字の一部分を書いておく

POINT

- 自立活動は、時間における指導を基本としながらも、学校の教育活動全体を通じて行うことが重要
- 日常生活のなかでも自立活動を意識して取り組むことが大切

【参考文献】
・文部科学省（2018）：特別支援学校教育要領・学習指導要領解説自立活動編（幼稚部・小学部・中学部）.
・島根県教育センター（2021）：自立活動ってなんだろう？ Ver.2.

自立活動の「6区分27項目」の特徴とは?

6区分27項目の内容は多岐にわたりますが、選定した項目を別々に指導するのではなく、相互に関連させることが必要です。

■「6区分27項目」で大切なこと

自立活動の内容には、「人間としての基本的な行動を遂行するために必要な要素」と「障害による学習上または生活上の困難を改善・克服するために必要な要素」で構成されています。そのなかの代表的なものが「6区分27項目」にまとめられています。具体的には次ページ表のとおりです。内容は多岐にわたりますが、大切なことは次の3点です。

①区分ごと、項目ごとに別々に指導するわけではないこと
②個々の子どもたちに必要とされる項目を選定し、それらを相互に関連づけて指導すること
③6区分の視点から実態を把握すること

つまり、自立活動の区分の視点から子どもをとらえ、課題に合わせて項目を選定することが大切になってきます。すべての区分や項目を指導する必要はありません。その際、選定した項目を別々に指導するというよりは、相互に関連させることが必要です。複数の視点から子どもをとらえることを意識していきましょう。

■ 自立活動の内容（6 区分 27 項目）

1. 健康の保持
   (1) 生活のリズムや生活習慣の形成に関すること
   (2) 病気の状態の理解と生活管理に関すること
   (3) 身体各部の状態の理解と養護に関すること
   (4) 障害の特性の理解と生活環境の調整に関すること
   (5) 健康状態の維持・改善に関すること

2. 心理的な安定
   (1) 情緒の安定に関すること
   (2) 状況の理解と変化への対応に関すること
   (3) 障害による学習上又は生活上の困難を改善・克服する意欲
       に関すること

3. 人間関係の形成
   (1) 他者とのかかわりの基礎に関すること
   (2) 他者の意図や感情の理解に関すること
   (3) 自己の理解と行動の調整に関すること
   (4) 集団への参加の基礎に関すること

4. 環境の把握
   (1) 保有する感覚の活用に関すること
   (2) 感覚や認知の特性についての理解と対応に関すること
   (3) 感覚の補助および代行手段の活用に関すること
   (4) 感覚を総合的に活用した周囲の状況についての把握と状況
       に応じた行動に関すること
   (5) 認知や行動の手掛かりとなる概念の形成に関すること

5. 身体の動き

（1）姿勢と運動・動作の基本的技能に関すること

（2）姿勢保持と運動・動作の補助的手段の活用に関すること

（3）日常生活に必要な基本動作に関すること

（4）身体の移動能力に関すること

（5）作業に必要な動作と円滑な遂行に関すること

6. コミュニケーション

（1）コミュニケーションの基礎的能力に関すること

（2）言語の受容と表出に関すること

（3）言語の形成と活用に関すること

（4）コミュニケーション手段の選択と活用に関すること

（5）状況に応じたコミュニケーションに関すること

※文部科学省「特別支援学校学習指導要領 自立活動編」より作成

自閉症のある子どもの場合

　例として、自閉症のある児童生徒で考えてみましょう。自閉症の子どもたちのなかには、特定の操作や行動に固執したり、同じ話を繰り返したりすることがあります。「こだわり（行動）」と呼ばれるものです。

　たとえば、扇風機や換気扇の回る羽根をずっと見ていたり、水道の蛇口から出る水をながめ続けたりするような行動です。このようなこだわりがある場合、次の活動や場面に自分の気持ちを切り替えることが難しくなってしまいます。

　こだわりの要因としては、不安な気持ちを和らげようとしていた

り、快適な刺激を得ようとしていたりすることが考えられます。

　このような場合、その行動等を無理にやめさせるのではなく、本人が納得して次の活動に移れるような指導や支援が求められます。たとえば、本人がやめられない行動等をしてもよい時間帯や回数を決めたり、予定表で見通しをもたせたりする工夫が考えられます。また、支援者には待つ姿勢も大切になります。

▌6区分27項目に当てはめて考えてみる

　この子どものケースを自立活動の6区分27項目に当てはめて考えてみます。まず、この子どもの困難さはどの区分に当てはまるでしょうか。いろいろと考えられますが、こだわりがあって、状況の変化に対応することが難しいという姿が見られたとします。すると、区分では「2. 心理的安定」に当てはまるかもしれません。さらに、下位項目を見ていくと、「(2)状況の理解と変化への対応に関すること」が当てはまりそうです。

---

2. 心理的な安定
　(1) 情緒の安定に関すること
　(2) 状況の理解と変化への対応に関すること
　(3) 障害による学習上又は生活上の困難を改善・克服する意欲
　　　に関すること

　さらに、他の区分・項目との関連を考えます。たとえば、「3. 人間関係の形成」の区分のなかから、「(3)自己の理解と行動の調整に関すること」を取り上げます。

3. 人間関係の形成
  （1） 他者とのかかわりの基礎に関すること
  （2） 他者の意図や感情の理解に関すること
  （3） 自己の理解と行動の調整に関すること
  （4） 集団への参加の基礎に関すること

　自閉症のある児童生徒の場合、特定の音や光、動きなどに固執して動けなくなってしまうことがあります。感覚が敏感や鈍感であったりすることも関係しているかもしれません。そのような場合、音や光、動きなどの刺激の量を調節したり、避けたりするなどの配慮も必要になります。そうすることによって、不安が和らぎ、気持ちが安定し、次の行動に移りやすくなるかもしれません。

　例に挙げた換気扇の回る羽を見続けることに固執する子の場合、無理にやめさせようとするとパニックになって暴れてしまうことがあるかもしれません。具体的な指導としては、休み時間に特定の部屋において換気扇を見ることを促したり、教室の換気扇に目隠しの布をしたりして、まずは環境を調整する必要があります。

具体的な指導内容へつなげる

関連

2. 心理的な安定

(1) 情緒の安定に関すること
(2) 状況の理解と変化への対応に関すること
(3) 障害による学習上または生活上の困難を改善・克服する意欲に関すること

3. 人間関係の形成

(1) 他者とのかかわりの基礎に関すること
(2) 他者の意図や感情の理解に関すること
(3) 自己の理解と行動の調整に関すること
(4) 集団への参加の基礎に関すること

具体的な指導内容

換気扇の回る羽根を見続けることに固執する子に、休み時間に特定の部屋において換気扇を見ることを促したり、教室の換気扇に目隠しの布をしたりして環境を調整する。

● POINT ●

子どもを6区分27項目に当てはめ、関連を考えたうえで具体的な指導内容を検討する

【参考文献】
文部科学省（2018）：特別支援学校教育要領・学習指導要領解説自立活動編（幼稚部・小学部・中学部）.

CHAPTER 1-4

自立活動の「時間における指導」 の特徴とは?

ここでは、個別指導と集団を構成して指導する場合の具体的な指導 内容などを紹介します。

CHAPTER 1

特別支援教育の授業はなぜ難しいのか?

▎時間割のなかに自立活動の時間が設定されている

1-2で紹介したとおり、自立活動の時間における指導の位置づけ は、**時間割(週時程)のなかに「自立活動」の時間が設定されてい ます**。

ただし、自立活動の時間に充てる授業時数は、児童生徒の障害の 状態や特性および心身の発達の段階等に応じて定めるとされていま す。したがって、各学校や児童生徒の実態に応じて適切な時間数を 確保する必要があります。

例として、山梨県立かえで支援学校(知的障害)小学部3年生の 時間割モデルを示したのが次ページの図です。

このモデルでは、木曜日と金曜日にそれぞれ時間における自立活 動の指導を設定しています。この時間を中心に、各教科とも関連し て自立活動の指導をしていきます。

このほかにも、自立活動の時間における指導を週に1時間設定す るとともに、毎朝継続的に自立活動の指導を設定している時間割も あります。

27

◉ 小学部第3学年

時間／曜日	月	火	水	木	金
登校　9：00	日常生活の指導【着替え・係活動】				
9：35	日常生活の指導【朝の会】				
9：50	日常生活の指導【朝の運動】				
10：20	国語・算数	国語・算数	国語・算数	国語・算数	国語・算数
11：05	音楽	生活単元学習	体育	自立活動	遊びの指導
11：50	日常生活の指導【給食準備・給食指導・後片付け・歯磨き】				
12：55	日常生活の指導【着替え・帰りの会】	昼休み			
13：30	13：30 下校	図画工作	特別活動〈かえでタイム〉	生活単元学習	自立活動
14：05			日常生活の指導【着替え・帰りの会】		日常生活の指導【着替え・帰りの会】
14：30		日常生活の指導【着替え・帰りの会】	14：30 下校	日常生活の指導【着替え・帰りの会】	14：30 下校
15：15					

　では、具体的にどのような指導をするのでしょうか。自立活動では、児童生徒の的確な実態把握に基づき、指導すべき課題を明確にします。そのうえで、個別のねらいを設定し、個別の指導計画に基づいて具体的な指導を行います。つまり、個別指導の形態で行われ

ることが基本となります。ですが、ねらいを達成するうえで効果的である場合には、集団を構成して指導することも考えられます。

その際、気をつける必要があるのは、「最初から集団で指導することを前提としない」ということです。自立活動の指導計画は個別に作成されるため、個別指導が基本となります。

▌具体的な指導内容の例

次に、具体的な指導内容を紹介します。まずは個別指導についてです。たとえば、発語が難しい子に対し、まずは息を調節して吹いたり吐いたりすることをねらった活動です。使った教材は「とことこタコ」（写真1、2）です。折り紙を丸めて貼りつけ、真ん中まで切り込みを入れてタコに見立てました。これに向かって息を吹くとタコのようにとことこと動きます。子どもはその動きを面白がり、何度も吹くようになり、「机の上から落ちないように吹いてみよう」と指示すると、うまく息を調節するようになります。こうして、息を調節して吹くことを通して、やがて発語できることをねらいます。

写真 1

写真 2

続いて、集団を構成して指導する場合です。写真の教材は「UFOキャッチャーペットボトル」です（写真3）。これは、複数人で力を合わせて協力しなければできない活動です。たとえば、2人組になり互いにひもを引っ張って、ゴムでペットボトルをキャッチします。そのままお互い力と動きを調整して、別の場所へペットボトルを運ぶという1人ではできない活動です。このように、人と動きを合わせることに課題がある子どもの場合、ねらいを「動きを合わせること」に設定すると、集団でのメリットを活かすことができます。

写真3

POINT

自立活動は個別指導の形態で行われることが基本だが、ねらいを達成するうえで効果的である場合、集団を構成して指導することも考えられる

【参考文献】
・文部科学省（2018）：特別支援学校教育要領・学習指導要領解説自立活動編（幼稚部・小学部・中学部）.
・武井恒（2021）：特別支援の必要な子に役立つ かんたん教材づくりII:「いつもどおり」ができない災害時にも役立つ教材集, 学芸みらい社.

CHAPTER 1-5

子どもの実態を的確に把握し、個別の指導計画を作成する

子どもの実態把握には、子どもの様子を直接的に観察する直接法と、保護者などから聞き取る方法があります。

実態把握の方法の種類

個々の自立活動の指導内容を具体的に設定するには、的確な実態把握が必要です。そのうえで、指導することが望ましい課題を明らかにしていきます。

では、的確に実態把握するためにはどのようにしたらよいでしょうか。実態把握の方法と収集する内容を整理していきます。

まず、実態把握の方法には、**子どもの様子を見て観察する観察法、子どもとの会話を通して情報を得る面接法、WISC などの知能検査を用いる検査法**などがあります。これらは、直接的に子どもの様子を観察しながら実態把握するため「直接法」と呼ばれます。それぞれ特徴があるため、目的に沿った方法を用いることが大切です。

次に、**保護者等から聞き取る方法**です。保護者に、生まれてからこれまでの状況などの生育歴や教育に対する考えを聞いたりします。そのなかで、子ども本人や保護者の願いなども把握していきます。個別の教育支援計画なども参考にするとよいと思います。

また、教育的立場からの実態把握だけでなく、心理学的な立場、医学的な立場からの情報を収集することも大切です。専門的な立場からの見方は大変参考になります。専門的な立場だからこそ見える

CHAPTER 1

特別支援教育の授業はなぜ難しいのか？

障害の状態や発達状況などもあります。

　さらに、子どもが支援を受けている放課後等デイサービスなどの福祉施設からの情報も収集することも大切です。学校以外の場所で見せる子どもの顔はそれぞれ異なります。学校とは異なる友達との関係、興味・関心の違いなどもわかり、子どもを多面的にとらえることができます。収集する情報の例は次ページのとおりです。

　これらの情報をもとに的確な実態把握をし、個別の指導計画を作成していきます。その際、大切なことは次の点です。

> 困難なことばかりに目を向けるのではなく、学校や生活のなかで見られる長所やよさ、得意としていることも把握すること

　実態把握というと、できないこと、難しいことに目を向けがちです。できないことを見極めることも大切ですが、それ以上にできていることや得意なことに目を向けることも大切です。得意なことを伸ばすことで、困難さが解消、または軽減することもあります。

> ◆ POINT ◆
> **子どもの実態把握では、学校や生活のなかでできていること、得意なことに目を向けることも大切**

【参考文献】
・文部科学省（2018）：特別支援学校教育要領・学習指導要領解説自立活動編（幼稚部・小学部・中学部）．
・北海道立特別支援教育センター（2023）：特別支援学級担任のハンドブック（追補版）【自立活動編】．

実態把握の方法とポイント

方法

直接的な方法 （観察法、面接法、検査法等）	保護者からの 聞き取り
心理的・医学的な 立場からの情報収集	関係機関からの 情報収集

内容

病気等の有無や状態、成長歴、基本的な生活習慣、人や物とのかかわり、心理的な安定の状態、コミュニケーションの状態、対人関係や社会性の発達、身体機能、視機能、聴覚機能、知的発達や身体発育の状態、興味・関心、障害の理解に関すること、学習上の配慮事項や学力、特別な施設・設備や補助用具の必要性、進路、家庭や地域の環境等

ポイント

的確な実態把握に基づく「個別の指導計画」の作成

困難なことばかりに目を向けるのではなく、学校や生活のなかで見られる長所やよさ、得意としていることも把握すること

自立活動の「全教育活動における指導」の特徴とは?

ここでは、国語科における自立活動との関連を挙げながら、指導の具体例とポイントを紹介します。

自立活動の指導と各教科の指導の関係

　自立活動は、時間における指導を基本としながらも、学校の教育活動全体を通じて行うことが大切です。1-2でも紹介しましたが、位置づけは次ページ上図のとおりです（再掲）。

　図からもわかるように、自立活動の指導と各教科の指導は分けて考えるのではなく、密接な関連を保ちながら指導することが重要です。イメージは次ページ下図です。自立活動が、各教科において育まれる資質・能力を支える役割となっています。

　障害による困難さから各教科のねらいを達成するのが難しかったり、うまく学べなかったりする場合があります。そのような点にアプローチし、学びを支える役割が自立活動になります。

　例として、国語科における自立活動との関連を挙げます。対象は自閉症・情緒障害特別支援学級の児童です。困難さとして、発音が明瞭でないことや正しい発音と自分の発音との違いを区別することが難しい実態があります。

　そのような困難さを改善・克服するための自立活動の区分や項目としては、コミュニケーションの区分の「(2)言語の受容と表出に

自立活動の位置づけのイメージ

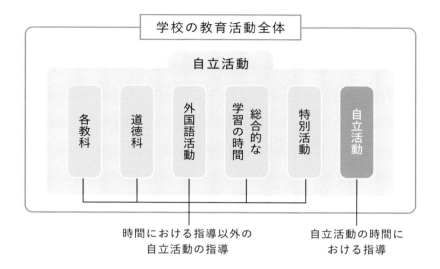

学校の教育活動全体

自立活動

各教科 ／ 道徳科 ／ 外国語活動 ／ 総合的な学習の時間 ／ 特別活動 ／ 自立活動

時間における指導以外の
自立活動の指導

自立活動の時間に
おける指導

自立活動の指導と各教科の指導の関係

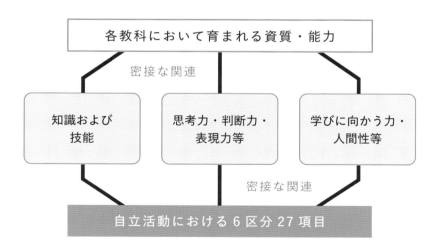

各教科において育まれる資質・能力

密接な関連

知識および
技能

思考力・判断力・
表現力等

学びに向かう力・
人間性等

密接な関連

自立活動における6区分27項目

関すること」が挙げられます。それらの指導を通して、国語科小学校第1学年と第2学年の音読のねらいである「語のまとまりや言葉の響きなどに気をつけて音読すること」の達成を目指します。

　この際、大切なのは子どもの困難さのみに着目して、発音の指導に終始しないことです。子どもが興味をもてる学習内容や教材を用意し、授業のねらいを達成できるよう工夫していくことが大切です。

　音読には、自分が理解しているかどうかを確かめる働きや自分が理解したことを表出する働きがあります。明瞭な発音で文章を読むことや言葉の響きやリズムなどに注意して読むことなどが重要になります。

　私は、「もしもしホース」（写真）を作成し、指導したことがあります。この教材は、ペットボトルを半分に切り、上部をホースに差し込んで装飾したものです。糸電話のように2人で使用したり、自分の耳と口に当てて1人で発音や音読をしたりします。

　発音が明瞭でない子の指導は、どうしても訓練のようになりがちです。すると、子どももやる気がなくなってしまったり、飽きてしまったりすることがあります。このもしもしホースでは、子どもたちが楽しみながら人と話をしたり、音読をしたりする様子が見られました。

　発音が不明瞭ですが、話すのが好きな子はいます。思わず話したくなるような教材を用いることで、困難さが軽減できたと感じています。指導を続けるなかで、国語科のねらいである音読も達成する

国語科における自立活動との関連

自立活動

コミュニケーション　(2) 言語の受容と表出に関すること

改善・克服

困難さ

発音が明瞭でない
正しい発音と自分の発音との違いを区別することが難しい

目標達成

国語科

語のまとまりや言葉の響きなどに気をつけて音読すること

ことができました。このような教材の工夫1つで困難さを解消し、学びを支えることができると考えます。

> ● POINT ●
>
> 指導の際には、子どもが興味をもてる学習内容や教材を用意し、授業のねらいを達成できるように工夫することが大切

【参考文献】
・文部科学省（2018）：特別支援学校教育要領・学習指導要領解説自立活動編（幼稚部・小学部・中学部）.
・北海道立特別支援教育センター（2023）：特別支援学級担任のハンドブック（追補版）【自立活動編】.
・武井恒（2016）：特別支援の必要な子に役立つ かんたん教材づくり㉙. 学芸みらい社.

自立活動の要素を生活や学びの なかに取り入れて指導する

自立活動の内容はイメージしづらいため、まずは自立活動そのもの についての授業を行うのも１つの方法です。

▌日常生活などに自立活動の要素を取り入れる

　自立活動は、時間における指導だけでなく学校の教育活動全体で行います。つまり、**日常生活や各教科等の授業のなかにも自立活動の要素を取り入れて指導していくことが大切です**。ポイントは次のとおりです。

> 自立活動で学んだことを、他の学習面や日常生活のなかでいかに活用できるか

　自立活動で学んだことがその場限りの限定した場面でしか発揮できないのであれば、有効な指導とは言い難いです。いかに、いろいろな場面で活用できる力にしていくかが大切だと考えます。

　そのために、教師が自立活動を意識して教育をすることはもちろん大切ですが、子どもたちに自立活動を意識させることも必要です。ただ、自立活動という言葉自体がイメージをもちにくく、難しいと感じてしまう子どもが多いです。教師も特別支援教育について勉強していないと、なかなか自立活動の内容をイメージすることが難しいかもしれません。

　そこで、まずは自立活動そのものについて授業してみてもいいかもしれません。私の勤務校（小学校）では、知的障害特別支援学級が1学級、自閉症・情緒障害特別支援学級が2学級、弱視障害特別支援学級が1学級あります。毎週、火曜・木曜の1校時は自立活動の時間の指導として設定され、その際は各特別支援学級のメンバーが一同に集まるため、まず、自立活動そのものについて授業をしました。内容は大きく、「①自立活動ってなに？」「②楽しいゲーム」の2つです。

　まず、自立活動という名前から授業内容を想像しにくいことが予想されました。「今日は自立だよ」と教師に促されても、子どもたちの頭には「？」が見えるようでした。そこで、自立活動について6区分をもとに下記のスライドを作りました。

■ 自立活動の6区分のイラスト

これは自立活動の6区分を子どもたちにわかりやすい言葉とイラストでまとめたものです。授業の途中、発問してやり取りしながら進めました。子どもたちはよく見て考えていました。

---

　①健康の保持 ⇨ からだ

　②心理的な安定 ⇨ きもち

　③人間関係の形成 ⇨ かかわり

　④環境の把握 ⇨ みる・きく・おぼえる

　⑤身体の動き ⇨ うごき

　⑥コミュニケーション ⇨ はなす

　続いてゲームを行いましたが、アイスブレイクやソーシャルスキルを意識して、あくまでも楽しく進めました。内容は、じゃんけんを扱った活動と新聞紙を用いた活動（新聞紙ちぎりなど）です。負けることに抵抗がある子も、リズムよく進めることで勝負にこだわらずに参加することができました。

　新聞紙ちぎりはなかなか難しく、やはり手指の巧緻性や集中力は課題ということもわかりました。新聞紙を引っ張り合う大きさ比べゲームはわかりやすかった様子でした。最後に、教師（私）対子どもで新聞紙引っ張りゲームを行いました。

　すると、「〇〇負けるなよ」と友達を応援する子も多くおり、子どもたちが勝つと、自分が勝ったように喜ぶ子もいました。最後は、みんなで新聞紙をつまみ、引っ張り合いました。低学年の子が勝つという逆転現象が起き、盛り上がりました。

　以上のように、自立活動の授業では「楽しい」「できる」をキーワードに進めていきました。ただの活動で終わらせず、子どもの力をつける、成長を促す「自立活動」にしたいと考えています。

　授業後は、区分のイラストを印刷してラミネートし、黒板に掲示

しました。（写真）。毎日、授業や活動の際に自立活動の区分を意識させる声かけをし、「この活動はかかわりの勉強だよ」「字を書くのも、みる・きく・おぼえる勉強だね」などと伝えました。すると、少しずつ子どもたちにも自立活動についての意識が芽生え始めました。

ある日、授業中に2人の子どもがこそこそ話をしていたので、「何を話しているの？」と聞くと、「違うよ。かかわりの勉強をしているんだよ」と黒板のイラストを指差しながら伝えることがありました。生活のなかに、自立活動の意識が見られた瞬間でした。これらはあくまで1つの事例ですが、様々な形で日頃から自立活動を意識する取り組みは必要だと考えます。

> ◆ POINT ◆
>
> 日常生活などにも自立活動の要素を取り入れて指導することが大切で、子どもたちに自立活動を意識させることも必要

【参考文献】
・文部科学省（2018）：特別支援学校教育要領・学習指導要領解説自立活動編（幼稚部・小学部・中学部）.
・北海道立特別支援教育センター（2023）：特別支援学級担任のハンドブック（追補版）【自立活動編】.

同じ教材でも「学習の目標」に よって授業が変わる

ここでは、算数・国語・体育の例を取り上げ、それぞれと自立活動の場合との学習目標の違いを紹介します。

算数の場合と自立活動の指導の場合

　自立活動に限らず、特別支援を必要とする子には様々な教材・教具が用いられます。また、同じ教材を使っていても、学習の目標によって授業を変えることがあります。

写真1

　たとえば、「指示された数字と同じ数だけシールを貼る」という活動があります（写真1）。これは、算数の授業でしょうか。自立活動の時間における指導でしょうか。

　結論からいうと、ねらいによってどちらの指導もあり得ます。算数の授業として行う場合と自立活動の指導として行う場合を次ページ表にまとめました。

● 算数と自立活動の指導のねらい

算数	自立活動
数に興味をもち、ものの集まりや数詞と対応して数字がわかる	・目と手の協応動作の向上や手指の操作性を高める（環境の把握） ・教師とのやり取りを通じ、コミュニケーションに必要な基礎的な能力を図る（コミュニケーション） ・情緒の安定を図る（心理的な安定）

　算数の授業として上記の教材を用いる場合、数字と数詞と数量を一致させることを意識します。そのため、数唱したり、数のまとまりを考えてシールを貼ったりする活動が考えられます。

　自立活動の指導としては、見本と同じようにシールを貼ったり、はがしたりしながら教師と一緒に活動することもあります。シールが好きな子は、「貼る」という活動で情緒を安定させることができるかもしれません。シールを貼る活動を通して、結果的に数に触れる機会をつくっていきます。また、自立活動では、指導内容を6区分27項目に沿って関連させながら目標設定をします。そのため、子どもの困難さの把握とどのようなねらいで取り組むかが大切です。

● 国語の場合と自立活動の指導の場合

　次は、国語の例です。平仮名や形のなぞり書きをすることがあります。その際、使用するのが写真2のような教材です。

　これは、「マグネットなぞり書き」という教材です。マグネットシートを様々な形に切り、端に穴を開けたものです。こ

写真2

れにより、子どもは穴から穴へペンを動かすとき、マグネットの凸面から落ちないように自発的にペンの動きを調整するようになります。マグネットシートからはみ出ると触覚的に気づくことができるからです。この場合も、下表のようにねらいによって国語の授業として行う場合と自立活動の指導として行う場合があります。

◉ 国語と自立活動の指導のねらい

国語	自立活動
文字や書くことに興味をもち、字形を整えながら書くことができる	・線からはみ出ないように手指をコントロールすることができる（身体の動き） ・線を意識して書くことで、集中力や感情コントロール力を高める（心理的な安定）

　国語の授業として上記の教材を用いる場合、平仮名へつなげていくことを意識します。たとえば、U字の形の縦方向では平仮名の「し」を意識して取り組み、横方向では「つ」を意識します。できるようになったら、マグネットシートを平仮名に切り取って同じようになぞり書きをします（写真3）。枠があることで、はみ出さずに取り組むことができ、成功体験を積むことができます。

　自立活動として用いる場合は、主に手指をコントロールすることをねらいに取り組みます。手先が不器用なため、はみ出してしまう子には、マグネットシートを太めに切るなどして配慮をします。はみ出していることに気がつかない子には凸面を意識させ、触覚的な

写真3

手がかりを大切にします。すると、自然とマグネットシートから落ちないようにペンの動きを調節して書こうとする姿が見られるようになります。手指のコントロールが調整できるようになってくると、集中して取り組むことができるようになり、気持ちも安定することが多いです。自立活動の指導において、手指の巧緻性が高まると国語での書字にもつながります。やがて、日常生活のなかでも形の整った文字が書けるようになり、手紙を書いて人とやり取りすることもできるようになるかもしれません。

◉ 体育の場合と自立活動の指導の場合

実技教科といわれる体育等でも同様です。また、教材も手作りだけでなく、市販されているものでも構いません。たとえば、バランスボールです。体育で用いる場合と自立活動で用いる場合の例は表のとおりです。

■ 体育と自立活動の指導のねらい

体育	自立活動
バランスを取りながら、様々な姿勢でボールの上に乗ることができる	・ボールの上に座ることで、姿勢を整える（身体の動き） ・ボールの上に座って跳ねることで、揺れを感じながら情緒の安定を図る（心理的な安定）

体育では、バランスを意識させながら運動することをねらいに活動することが考えられます。

自立活動では、運動することよりも姿勢の保持や情緒の安定のために用いられることがあります。教室でじっとしていることが苦手

な子に、椅子ではなく、バランスボールを使用することで落ちついて座っていられる様子がよく見られます。揺れの刺激を好む子は多く、それが情緒の安定につながることもあります。バランスボールの使い方に慣れていると、体育の運動場面でも抵抗なく使えることが多いです。

　以上のように、同じ教材でも「学習の目標（めあて）」によって授業が変わります。いずれにしても大切なことは、「子どもにどんな力がついてほしいか」という点です。

　そのためには、子どもの的確な実態把握が欠かせません。その際、困難さだけに目を向けるのではなく、好きなことや得意なことにも着目する必要があることは言うまでもありません。教材ありきではなく、子どもの姿から始まる授業を心がけていくことが大切です。

> ◆ POINT ◆
> 子どもの的確な実態把握をしたうえで、ねらいによって授業を変更することが重要

【参考文献】
・文部科学省（2018）：特別支援学校教育要領・学習指導要領解説自立活動編（幼稚部・小学部・中学部）.
・武井恒（2016）：特別支援の必要な子に役立つ かんたん教材づくり㉙. 学芸みらい社.
・武井恒（2021）：特別支援の必要な子に役立つ かんたん教材づくりⅡ:「いつもどおり」ができない災害時にも役立つ教材集, 学芸みらい社.
・埼玉県教育委員会：特別支援教育「自立活動」リーフレット.

CHAPTER 2

授業の組み立て方の
コツを知ろう

学習指導要領に示されている 「流れ図」を見てみよう

ここでは、文部科学省の流れ図を簡略化した「いるかどり式　3ステップで考える自立活動シート」を紹介します。

なぜ「流れ図」が必要なのか?

自立活動の授業を考えるとき、みなさんは何から取りかかるでしょうか?　「前年度の個別の指導計画を参考にする」「SNSやネットを検索し、子どもに合いそうなプリントや教材を探す」「先輩教師に相談する」など、どれも自立活動の授業づくりに役立つ情報を得ることができそうですが、子ども一人ひとりの実態に合ったオーダーメイドの授業とするには十分ではありません。的確な実態把握がなければ、教材や活動に子どもを当てはめていく、教材や活動ありきの指導になりかねません。

とはいえ、自立活動は各教科と違い、教科書のような系統的な指導内容があるわけでなく、多くの先生方が自立活動の個別の指導計画の作成や授業づくり、評価を難しいと感じていることが指摘されています（鉄井・相場，2023；明官・渡邉・大井・梶井，2023）。

「特別支援学校教育要領・学習指導要領（自立活動編）」（文部科学省，2018［以下、解説］）には、個別の指導計画の大まかな5つの作成手順と、実態把握から具体的な指導内容を設定するまでの流れの例（以下、流れ図）が示されています。

「流れ図」をもとに個別の指導計画を作成する理由は、自立活動は各教科のように目標の系統性が示されていないため、指導の継続性を確保する必要があるからです。つまり、担任の先生が**子どもの実態をどのようにとらえて、指導目標や指導内容を導き出したのか、その根拠を記述して残していくことで、一貫性・継続性のある指導を実現していくことが**「流れ図」作成のねらいといえます。

◉ 自立活動の個別の指導計画の 5 つの作成手順

①個々の児童生徒の実態を的確に把握する
②実態把握に基づいて指導すべき課題を抽出し、課題相互の関連を整理する
③個々の実態に即した指導目標を明確に設定する
④小学部・中学部学習指導要領 第7章第2の内容のなかから、個々の指導目標を達成するために必要な項目を選定する
⑤選定した項目を相互に関連付けて具体的な指導内容を設定する

解説に示されている手順や「流れ図」で個別の指導計画を作成するには、時間的な余裕のなさや専門的知識の不足のため、特に経験の浅い先生方は、苦労されていることと思われます。

私自身も「流れ図」に沿って自立活動の個別の指導計画を作成しているかといわれると、正直、「6区分27項目に照らし合わせる作業が面倒だなぁ」と感じています。

また、他の先生が作成した個別の指導計画をそのままコピペしている先生もいると聞いたことがあり、危機感を感じたこともあります。どうにかして複雑な「流れ図」をシンプルなものにし、実態把握から指導目標と指導内容を考える個別の指導計画の本質を伝えたいと思ったのが本章執筆の動機です。

■ 文部科学省の流れ図

学部・学年	
障害の種類・程度や状態等	
事例の概要	

<table>
<tr><td rowspan="8">実態把握</td><td colspan="6">① 障害の状態、発達や経験の程度、興味・関心、学習や生活の中で見られる長所やよさ、課題等について情報収集</td></tr>
<tr><td colspan="6"></td></tr>
<tr><td colspan="6">②－1 収集した情報（①）を自立活動の区分に即して整理する段階</td></tr>
<tr><td>健康の保持</td><td>心理的な安定</td><td>人間関係の形成</td><td>環境の把握</td><td>身体の動き</td><td>コミュニケーション</td></tr>
<tr><td></td><td></td><td></td><td></td><td></td><td></td></tr>
<tr><td colspan="6">②－2 収集した情報（①）を学習上又は生活上の困難や、これまでの学習状況の視点から整理する段階</td></tr>
<tr><td colspan="6"></td></tr>
<tr><td colspan="6">※各項目の末尾に（ ）を付けて②－1における自立活動の区分を示している（以下、図15まで同じ）。</td></tr>
</table>

②－3 収集した情報（①）を〇〇年後の観点から整理する段階

※各項目の末尾に（ ）を付けて②－1における自立活動の区分を示している（以下、図15まで同じ）。

指導すべき課題の整理	③ ①をもとに②－1、②－2、②－3で整理した情報から課題を抽出する段階
	④ ③で整理した課題同士がどのように関連しているかを整理し、中心的な課題を、導き出す段階

⑤ ④に基づき設定した指導目標（ねらい）記す段階	
課題同士の関係を整理する中で今指導すべき指導目標として	

⑥ ⑤を達成するために必要な項目を選定する段階

指導目標（ねらい）を達成するために必要な項目の選定	健康の保持	心理的な安定	人間関係の形成	環境の把握	身体の動き	コミュニケーション

項目間の関連付け

⑦ 項目と項目を関連付ける際のポイント

⑧ 具体的な指導内容を設定する段階

選定した項目を関連付けて具体的な指導内容を設定	ア	イ	ウ	…

※特別支援学校学習指導要領解説（自立活動編 P.28）より作成

51

そこで、本書では、解説の趣旨を崩すことなく、「流れ図」を簡略化し、使用される言葉をできるだけイメージしやすいものに置き換えた「いるかどり式　3ステップで考える自立活動シート」を提案します。教材や活動ありきの自立活動にならないよう、子どもの実態に応じた根拠のともなう実践の実現を目指しましょう。

▎3ステップで考える自立活動シートの特徴

解説に示されている「流れ図」は8項目のステップで構成されていますが、自立活動シートは、できるだけわかりやすく「実態把握」「指導目標」「指導内容」の3ステップに簡略化しています。

1-3で説明したように、自立活動は「6区分27項目」にまとめられています。「6区分」に使用される言葉は、子どもや保護者等が聞いても学習内容をイメージできるように、「からだ」「きもち」のように、より具体的な言葉に置き換えています。自立活動の指導計画の立案や授業に当事者が参画しやすくすることを意図しています。

また、「27項目」の言葉だけでは具体的な指導内容をイメージしくいため、解説に掲載されている説明のなかから、知的障害や発達障害に関する指導や配慮事項のキーワードを抽出し、「27項目のキーワード一覧表」として本項目の最後にまとめました。

3ステップには含まれませんが、2-5では、指導目標達成のための項目の選定や指導内容の設定に参考にできるようにしています。

■〈いるかどり式〉3ステップで考える自立活動シート

┌─(ステップ❶)─(実 態 把 握)──────┐

本人が学習上、生活上で困っていることを挙げましょう

困難さの理由を6区分で考えてみましょう

からだ （健康の保持）	
きもち （心理的な安定）	
かかわり （人間関係の形成）	
みる・きく・おぼえる等 （環境の把握）	
うごき （身体の動き）	
はなす （コミュニケーション）	

┌─(ステップ❷)─(指 導 目 標)──────┐

実態から指導目標を考えましょう

長期目標	
短期目標	

ステップ❸ | 指導内容

指導目標を達成するための具体的な指導内容を考えましょう

指導計画（いつ、どこで、だれと）を立てましょう

自立活動の時間における指導	
各教科	
各教科等を合わせた指導	
教育活動全体	

■ 27 項目のキーワード一覧表

※解説（自立活動編）の説明から、知的障害・発達障害に関する指導や配慮事項をキーワードとして抽出しています

		項目	キーワード
1 健康の保持（からだ）	1	生活リズムや生活習慣の形成	体温の調節、食事や排せつ、睡眠、衣服の調節清潔の保持、偏食や衣服のこだわり、整理整頓体調管理
	2	病気の状態の理解と生活管理	服薬、健康管理
	3	身体各部の状態の理解と養護	
	4	障害の特性の理解と生活環境の調整	感覚の過敏さ、刺激の調整、得手不得手、特性への気づき
	5	健康状態の維持・改善	運動量の確保、運動への意欲、肥満、体力

		項目	キーワード
2 心理的な安定（きもち）	1	情緒の安定	興奮を鎮めること、自分の気持ちを伝える、自分に合った集中の仕方、学習に落ちついて参加する態度、自信、自分のよさに気づく
	2	状況の理解と変化への対応	見通し、スケジュール、事前体験、急な予定の変更への対応、場に応じた行動活動や場面の切り替え
	3	障害による学習上又は生活上の困難さを改善・克服する意欲	学習意欲、成功体験、自己の特性に応じた学習方法、代替手段の活用、周囲の人への依頼

		項目	キーワード
3 人間関係の形成（かかわり）	1	他者とのかかわりの基礎	基本的な信頼感、安定した関係の形成、他者と気持ちの共有、かかわりの素地作り
	2	他者の意図や感情の理解	言葉や表情、身振りの理解、相手の立場や考え場に応じた適切な行動
	3	自己の理解と行動の調整	得意なこと不得意なことの理解、自己肯定感、因果関係の理解、適切な行動の選択と調整
	4	集団への参加の基礎	集団参加のための手順や決まりの理解、友達関係、ルールの理解、遊びへの参加方法

		項目	キーワード
4 環境の把握（みる・きく・おぼえる）	1	保有する感覚の活用	視覚、聴覚、触覚、嗅覚、固有覚、前庭覚
	2	感覚や認知の特性についての理解と対応	感覚の過敏さ、自己刺激、注意の選択、注意の持続、注意集中、視知覚の特性、認知特性に応じた学習方法
	3	感覚の補助及び代行手段の活用	感覚の過敏さへの対処
	4	感覚を総合的に活用した周囲の状況についての把握と状況に応じた行動	身体意識、身体部位の名称や位置、動作模倣、多感覚の活用
	5	認知や行動の手がかりとなる概念の形成	ものの機能や属性・形・色、抽象的な表現の理解、順序や時間、量の概念形成、優先順位をつける、左右等の位置や方向 手順表の活用、視覚的なスケジュールの活用

		項目	キーワード
5 身体の動き（うごき）	1	姿勢と運動・動作の基本的技能	日常生活に必要な動作の基本、座位や立位の崩れ、姿勢保持
	2	姿勢保持と運動・動作の補助的手段の活用	補助用具、補助用具のセッティングや収納、調整
	3	日常生活に必要な基本動作	食事、排泄、衣服の着脱、洗面、入浴、書字・描画のための基本動作、目と手指の協応動作、巧緻性、筆圧のコントロール、ICT機器の活用
	4	身体の移動能力	
	5	作業に必要な動作と円滑な遂行	作業に必要な基本動作、身体のリラックス、ボディイメージ、手足の協調、微細運動、手指の巧緻性、自分のやり方へのこだわり、経験不足

		項目	キーワード
6 コミュニケーション（はなす）	1	コミュニケーションの基礎的能力	発声や表情・身振り・絵カード・メモ・機器等の活用、望ましい方法での意思の伝達、語彙の習得、要求手段の獲得、相手の意図理解、やり取りの基礎
	2	言語の受容と表出	話し言葉、文字、記号、話を聞く態度、絵や写真の手掛かり、メモ帳やタブレット端末の活用、相手の意図や気持ちの推測、会話のルール、マナー
	3	言語の形成と活用	語彙の習得と拡大、言葉のやり取り、言葉の意味理解、言語概念
	4	コミュニケーション手段の選択と活用	タブレット端末や写真、文字等の代替手段の活用、絵カードやメモなどの補助的手段の活用、文章理解や表現
	5	状況に応じたコミュニケーション	相手の立場や状況に応じた適切な言葉の使い方、会話の内容や周囲の状況の読み取り、場に応じた声の大きさ、援助の依頼、報告、相談

> ● POINT ●
>
> 「流れ図」の作成のねらいは、担任の先生が子どもの実態をど
> うとらえて指導目標や指導内容を導き出したのかの根拠を残
> し、一貫性・継続性のある指導を実現していくこと

【参考文献】
・明官茂・渡邉健治・大井靖・梶井正紀（2023）：知的障害教育における自立活動の指導の実態
　と課題 - 特別支援学校全国調査の結果から−. 明星大学研究紀要 - 教育学部, 第 13 号 .
・文部科学省（2018）：特別支援学校教育要領・学習指導要領解説自立活動編（幼稚部・小学
　部・中学部）.
・鉄井史人・相場大輔（2023）：小学校知的障害特別支援学級担任の自立活動の指導に対する困
　難さと工夫の内容分析 . 障害者教育・福祉学研究 , 19, 47-55.

3ステップで考える自立活動シートを使ってみよう

ステップ① 実態把握

- -

自立活動シートでは、情報収集で得た情報をもとに、学習上・生活上の困難さをキーワードに実態をとらえていきます。

■チームを組んで複数の目で検討する

「いるかどり式　3ステップで考える自立活動シート」（以下、自立活動シート）は、1人で使用するのではなく子どもにかかわる関係者でチームを組んで複数の視点で考えることをおすすめします。1人で考えると視野が狭くなりやすく、多角的な実態把握や指導目標の検討にならないからです。チームで考えることにより、子どもの実態や指導目標に関して教員間で情報共有することができます。経験年数の浅い先生にとっては、他の先生の子ども理解の視点を学ぶ機会にもなります。

校内の現職教育に位置づけ、ホワイトボードや付箋紙等を活用して、子どもにかかわる複数の教師で検討することは職員研修としても有効です（川上・重永・角原・高下・仲矢，2023）。ホワイトボードに6区分の名称を記し、各区分の下に子どもの実態や指導目標を記した付箋紙を貼りつけていきます。

■「実態把握」:本人が困っていることを挙げる

実態把握の段階では、子どもの興味・関心や生育歴、学習状況な

ど、様々な情報が収集されると思います。自立活動シートでは、情報収集で得られた情報をもとに、**学習上・生活上の困難さをキーワード**に実態をとらえていきます。

　授業や生活場面を観察し、子どもが困っていることやつまずいているところを挙げていきます（例は下表を参照）。複数の教師で検討すると、ある行動が特定の場面に限定されていることや、担任の先生が知らない子どもの困っていることなど、様々な情報を得ることができます。収集した情報から、いつ、どのような場面・状況でどのような行動やつまずきが生じているのかが伝わるように具体的に記述します。

- 授業が始まるときに片づけを促されると大きな声を出したり、物を投げたりする
- 集団学習がはじまると数分で姿勢が崩れてしまう
- 平仮名を書くときに枠から大きくはみ出す

◉ 困難さの理由を 6 区分で考えてみる

　子どもたちが見せる表面上の行動を観察するだけでは、学習上・生活上の困難さに関する十分な情報を得ることはできません。行動の背景を探る必要があります。

　山でたとえると、見晴らしのよい山頂部分は、周囲の支援者が目にする表面上の行動やつまずきです。森林の奥深くには困難さの背景要因が隠れています。背景要因には、「障害特性」や「発達の遅れ・偏り」等の**個人因子**と、教室環境や教材、周囲のかかわり方等の**環境因子**があります。この背景にある理由を把握することが、根拠のある指導支援の一歩になります。

　次に、背景要因を6区分のフィルターを通して多角的にとらえま

す。6区分でとらえるのは、困難さの理由が1つとは限らないからです。たとえば、書字に困難さある場合、手指の巧緻性（うごき）だけの問題だけでなく、文字の形をイメージすること（みる・きく・おぼえる）の困難さや、自信のなさ（きもち）等、複数の理由が関係している可能性があります。

■ 隠れた背景要因を探る

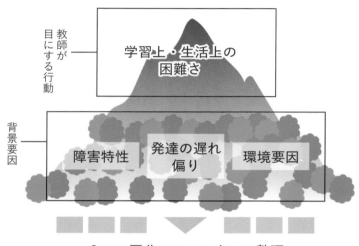

６つの区分のフィルターで整理

▌「授業中、教室から飛び出してしまう」Ａさんの事例

　ここで、事例をもとに考えてみましょう。Ａさんには、「授業中、教室から飛び出してしまう」といった行動が見られました。Ａさんにかかわる複数の教員で、困難さの背景要因を考え、6区分で整理すると以下のような理由が挙がり、それを自立活動シートの［ステップ①　実態把握］にまとめました。次項では、ステップ①をもとに「ステップ②　指導目標の設定」について解説します。

■ A さんの実態把握

┌─────────────────────────────┐
│ ステップ❶ │ 実態把握 │
└─────────────────────────────┘

本人が学習上、生活上で困っていることを挙げましょう

・授業中、教室から飛び出してしまう。
・制止すると教師や友達を叩くことがある。

困難さの理由を6区分で考えてみましょう

からだ （健康の保持）	寝不足で登校することが多い。
きもち （心理的な安定）	寝不足で登校することが多い。 好きなグッズを触っていると飛び出さないことがある。
かかわり （人間関係の形成）	休憩時間での友達とのかかわりは良好。
みる・きく・おぼえる等 （環境の把握）	話の内容を聞き取ることが難しい。 自分の好きなことの写真や絵は理解できている。
うごき （身体の動き）	―
はなす （コミュニケーション）	困ったことを言葉で伝えることが苦手。

❀ POINT ❀

子どもの困難さの背景要因には、「障害特性」や発達の遅れ・偏り等の「個人因子」と、教室環境や周囲のかかわり方等の「環境因子」がある

【参考文献】
川上加奈・重永多恵・角原佳介・高下心輔・仲矢明孝（2023）：自立活動の個別の指導計画作成に関わるチームによる検討の在り方，岡山大学教師教育開発センター紀要，第13号，7-21.

3ステップで考える自立活動シートを使ってみよう

ステップ② 指導目標の設定

ここでは、子どもの実態把握をもとに、長期目標と短期目標の立て方のポイントについて紹介します。

▌指導目標を設定する際の視点

　ステップ②では、6区分に整理した困難さの理由をもとに「指導目標」を設定します。困難さに対してこれまでどのような指導支援が実施され、「今、現在、どのようなことが課題になるのか」、課題を達成することが「将来、どのような姿につながっていくのか」という、過去の指導支援、現在の課題、将来の姿の連続性をもたせることが大切です。

■ 過去から将来まで連続性をもたせる

将来の姿
自分で活動に
取り組む時間を
増やす

現在の課題
先生と一緒に絵や写真の
手がかりで見通しをもつ

過去の指導
好きなグッズで
落ちつく

Aさんの事例では、過去の指導支援で、好きなグッズを触ることで比較的落ちついて授業に参加できるようになっていました。次の段階として、先生とともに活動の始まりや終わりを確かめ、見通しをもつことが現在の課題でした。また、理解できる絵や写真は、好きな活動や物に限定されていたので語彙を増やすことも課題でした。将来の姿として、絵や写真の手がかりを使って自分で活動に取り組む時間を増やすことが想定されました。

【抽出された現在の課題】
• 先生と一緒に活動の終わりを確認できること
• 理解できる絵や写真の手がかりを増やすこと

抽出された現在の課題から、「こうなってほしい姿」を具体的に考え、長期的・短期的な視点で指導目標を考えていきます。長期目標は大体1年間で達成できることが目安です。短期目標は長期目標をより具体化した目標で、一学期間で達成できることが目安です。

■ 長期目標と短期目標

ステップ❷ 　指導目標

実態から指導目標を考えましょう	
長期目標	活動の見通しをもって授業への参加時間を増やす。
短期目標	・算数の授業で15分間、課題に取り組むことができる。 ・絵や写真の手がかりを使って活動に取り組むことができる。

長期目標の立て方のポイント

◉ 「〜しない」ではなく、子どもの力を高める目標を

　教室を飛び出さなくすることや、友達を叩くのをなくすことなど、問題行動を減らすことは教師側のニーズかもしれません。

　「教室を飛び出さ˙な˙い˙」「友達を叩か˙な˙い˙」のように「〜しない」という目標は、教室の飛び出しや友達を叩くことがダメなことは伝わるかもしれませんが、「じゃあ、どうすればよいの」かがわからず、子どもの困難さを解消し、ニーズを満たしたとはいえません。本人がそのような状況でどのように振る舞うかを学べるように環境を整え、子どもの力を高めることを指導目標とすることが大切です。

◉ 優先順位を考える

　子どもに学んでほしいことがたくさんあり、どれを指導目標にするか悩むことがあります。その場合は、優先順位を決める必要があります。優先順位を決める基準には以下の観点があります。

[日常的に実施機会が多く、達成可能性が高いものかどうか]

　指導目標に関する行動が、日常的に行う機会が多いかどうかを検討します。また、「できないこと」から始めるよりも、「すでにできていること」をいろいろな場面や相手とできるように広げていくことや、「もう少しでできそうなこと」を指導目標に設定することで、達成感が得やすくなり、自信につながります。

[地域・家庭生活に活かせる目標かどうか]

　設定した指導目標が、地域や家庭で活かせるものであるかどうかを考えます。学校だけで完結する目標では、子どもの生活は広がっ

ていかないからです。本人・保護者等のニーズを取り入れ、関係者
が協働して取り組める指導目標を立てるようにします。

短期目標の立て方のポイント

◉ 長期目標を具体化する

　長期目標が「授業に参加できる時間を増やす」であれば、どの授
業を対象にし、どれくらいの参加時間を目標にするのか、参加時間
を増やすために必要な行動は何かなど、より細かく検討して具体的
に記述するようにします。

〈例〉

長期目標	授業に参加できる時間を増やす。
短期目標	算数の授業で15分間課題に取り組むことができる。

◉ 抽象的ではなく具体的な行動で書く

　「楽しむ」「経験する」「感じる」「集中する」など、抽象的な表現
は観察する人によって評価が変わる可能性があります。「楽しむ」で
あれば、子どもがどのような行動を示せば楽しんだと評価できるの
か、具体的な行動に置き換えるようにします。

〈例〉

抽象的な目標	遊びを楽しむことができる。
具体的な行動目標	自分から玩具を持って振ることができる。

◉ 観察・測定できる記述にする

　具体的な回数や時間等を指導目標に設定することで、評価がより
客観的になります。たとえば、「**早く着替えることができる**」であれ

ば、「**5分以内に着替えることができる**」のように、具体的な数値を設定します。「〜を増やす」「〜を多くする」なども、具体的な数値の基準を設けることで、より客観的な評価が可能になります。

〈例〉

観察・測定できる目標	休憩時間に 10 回中 8 回以上、絵カードで要求することができる。
	図形の枠から 2cm 以上はみ出さないで塗ることができる。

> ● POINT ●
>
> 抽出された子どもの現在の課題から、「こうなってほしい姿」を具体的に考え、長期的・短期的な視点で指導目標を考えていく

3ステップで考える自立活動シートを使ってみよう

ステップ③ 指導内容を考える

具体的な指導内容を考える際には、どのような活動内容に取り組むことが、目標達成に最適なのかを検討します。

具体的な指導内容・実施方法を計画する

最後のステップでは、具体的な指導内容を考え、いつ、どの場面で実施するかを計画します。

● 具体的な指導内容を考える

ステップ②で設定した指導目標を達成するために、どのような指導（活動）内容に取り組めばよいかを考えます。指導内容はあくまで指導目標を達成するための手段であることを念頭に置きましょう。たとえば、指導目標が「授業に見通しをもって参加できる」であれば、指導目標を達成するための手段として、「タイマーを使って活動の終わりを確かめる」「活動が終わったらスケジュール表にチェックマークをつける」「材料がなくなるまで作業を続ける」などの具体的な活動内容が考えられます。

タイマーやスケジュール表を使うことは指導目標を達成するための手段であり、目的とならないようにすることが大切です。子どもの実態と照らし合わせて、どのような活動内容に取り組むことが、目標達成に最適なのかを検討しましょう。

◉ 指導計画を考える

　自立活動の指導は、「自立活動の時間における指導（以下、時間の指導）」を中心に、教育活動全体を通じて行います。指導内容をいつ・どこで実施するのかを明確に位置づけておき、子どもにかかわる教師全員で共通理解して指導にのぞむことが大切です。指導場面は、「時間の指導」以外に、「各教科等を合わせた指導（以下、合わせた指導）」、教科別の指導などがあります。また、個別指導と集団指導、その両方を組み合わせた授業等の指導の形態も含めると、8つのバリエーションが想定されます。

■ 8つの指導形態のバリエーション

	自立活動の時間	各教科等を合わせた指導	教科別の指導	教育活動全体
個別指導	①	③	⑤	⑦
集団指導	②	④	⑥	⑧

▌Aさんの具体的な指導内容

　Aさんの具体的な指導内容は次ページのとおりです。「教師と一緒に活動スケジュール表を確認し、活動が終わるごとにチェックマークを入れる」と「絵や写真を見て、だれが、何を等の質問に答える」でした。まず、「絵や写真を見て、だれが、何を等の質問に答える」を「時間の指導」で取り組むことにしました。

　また、「時間の指導」で取り組んだ内容が、その場限りにならないように、「合わせた指導」でも取り入れる計画を立てました。具体的には、帰りの会でのがんばったことの発表で、活動の写真を見て、だれが、何をしたかを答える指導内容を設定しました。

■ A さんの指導内容

ステップ❸ | 指導内容

指導目標を達成するための具体的な指導内容を考えましょう

教師と一緒に活動スケジュール表を確認し、活動が終わるごとにチェックマークをつける。	絵や写真を見て、「だれが」「何を」等の質問に答える。	—

指導計画 (いつ、どこで、だれと) を立てましょう

自立活動の時間における指導	絵や写真を見て、「だれが」「何を」等の質問に答えることができる。
各教科	—
各教科等を合わせた指導	絵や写真を見て、「だれが」「何を」等の質問に答えることができる。
教育活動全体	教師と一緒に活動スケジュール表を確認し、活動が終わるごとにチェックマークをつける。

　さらに、学校場面以外でも、家庭での宿題として、連絡帳に貼られた活動の写真を見せながら、お家の人に学校での出来事を伝える課題を設定しました。

時間の指導での
個別指導

帰りの会での
発表

宿題の様子

また、授業に参加できることは、Ａさんの学びを保障するうえでも、周囲にとっても優先順位が高い指導目標でした。

　「教育活動全体」を通じて、「教師と一緒に活動スケジュール表を確認し、活動が終わるごとにチェックマークを入れる」という指導内容をＡさんにかかわる教師全員で共通理解して取り組むことにしました。

　このように、具体的な指導内容をどの指導場面で取り上げるか、誰が指導を担当するのかを明確にして、個別の指導計画に明記することが大切です。そのことにより、教育活動全体を通じた自立活動の取組みが可能になります。個別の指導計画は、子どもにかかわる関係者が共通理解のもとに指導を展開するための必須のツールです。

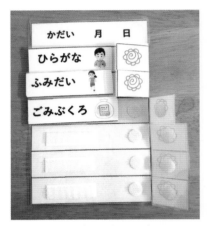

活動スケジュール表

> **◆ POINT ◆**
>
> 自立活動の指導内容は、子どもにかかわる教師全員で共通理解して指導にのぞむことが大切

27項目のキーワード一覧表の使い方

「27項目のキーワード一覧表」を活用することによって、具体的な指導内容が導きやすくなります。

「27項目キーワード一覧表」の使い方

　繰り返しになりますが、特別支援学校教育要領・学習指導要領（自立活動編）には、「指導目標」を達成するために、6区分27項目の内容を関連づけて具体的な「指導内容」を設定することが示されています。しかし、4. 環境の把握「(2) 感覚や認知の特性についての理解と対応」など、項目の文言だけを見ても、具体的な指導内容のイメージがわきにくいと思います。

　2-1で紹介した「27項目のキーワード一覧表」は、解説に掲載されている27項目の説明のうち、知的障害・発達障害に関する指導内容をキーワードにして抽出したものです。

　たとえば、「(2) 感覚や認知の特性についての理解と対応」に関するキーワードとして、「感覚の過敏さ、自己刺激、注意の選択・持続、注意集中、視知覚、認知特性に応じた学習方法」を挙げています。担当する児童生徒の実態とキーワードを照らし合わせて、具体的な指導内容を設定するのに役立つと考えています。

　ここでは、Aさんの事例をもとに「27項目のキーワード一覧表」の使い方を説明します。Aさんの指導目標は「活動の見通しをもって授業への参加時間を増やす」でした。授業への見通しがなく不安

であり、絵や写真の理解が十分ではないことが、教室からの飛び出しの背景にあることが想定されました。そこで、「27項目のキーワード一覧表」を参考に、「見通し」「急な予定の変更への対応」のキーワードから、「2-(2) 状況の理解と変化への対応」「4-(5) 認知や行動の手がかりとなる概念の形成」等を選定しました。

■ 困難の理由とキーワードを照らし合わせる

> ### 困難さの理由と課題
>
> ・授業への見通しがなく不安
> ・先生と一緒に活動の始まりや終わりを確認できること

困難さの理由と課題とキーワード一覧を照らし合わせてみると、見通し、変更への対応が関係ありそうだ！

		項目	キーワード
2 心理的な安定（きもち）	1	情緒の安定	興奮を鎮めること、自分の気持ちを伝える、自分に合った集中の仕方、学習に落ちついて参加する態度、自信、自分のよさに気づく
	2	状況の理解と変化への対応	見通し、スケジュール、事前体験、急な予定の変更への対応、場に応じた行動活動や場面の切り替え
	3	障害による学習上又は生活上の困難さを改善・克服する意欲	学習意欲、成功体験、自己の特性に応じた学習方法、代替手段の活用、周囲の人への依頼

心理的な安定の「状況理解と変化」が選定できるな！

▌ 項目を関連づけて具体的な指導内容を考える

指導目標の達成に必要な項目を選定できたら、項目を関連づけて具体的な指導内容を検討していきます。解説には、各項目に具体的な指導内容と配慮点が例示されています。例示を読むことで、具体

的な指導内容がイメージしやすくなります。Aさんのケースで選定
された項目の具体例には、以下の説明がありました。

2-（2）状況の理解と変化への対応【解説P.63】
　自閉症のある幼児児童生徒の場合、日々の日課と異なる学校
行事や、急な予定の変更などに対応することができず、混乱した
り、不安になったりして、どのように行動したらよいかわからな
くなることがある。このような場合には、予定されているスケ
ジュールや予想される事態や状況等を伝えたり、事前に体験で
きる機会を設定したりする

4-（5）認知や行動の手がかりとなる概念の形成【解説P.82】
　自閉症のある幼児児童生徒の場合、「もう少し」、「そのくら
い」、「大丈夫」など、意味内容に幅のある抽象的な表現を理解す
ることが困難な場合があるため、指示の内容を具体的に理解す
ることが難しいことがある。そこで、指示の内容や作業手順、時
間の経過等を視覚的に把握できるように教材・教具等の工夫を
行うと…

　2つの項目の具体例を読むと、スケジュールを使って時間の経過
を視覚的に示して活動の見通しがもてるようにし、不安を軽減する
といった指導内容がイメージできると思います。
　2つの項目を関連づけて「教師と一緒に活動スケジュール表を確
認し、活動が終わるごとにチェックマークをつける」と、指導内容
を設定することができました。
　Aさんの実態把握から指導目標、指導内容の設定までの流れをま
とめると、次ページ図のようになります。指導内容が子どもの実態

から導かれたもので、困難さの理由に対するアプローチであることがよくわかります。最初から「活動スケジュール表（教材）」ありきではなく、なぜ、その教材を使用するのか、実態から指導目標を設定した根拠を説明できることが指導の継続性・一貫性を保つことにつながります。27項目の選定は、本書の3ステップには含まれていませんが、「27項目のキーワード一覧表」を補助的に活用することで、具体的な指導内容が導きやすくなり、授業実践を自立活動の指導として明確に位置づけることができます。

■ Aさんの実態把握、指導目標、指導内容

ステップ❶

学習上または生活上の困難さ	授業中、教室を飛び出す
困難さの背景	授業への見通しがなく不安
現在の課題	先生と一緒に活動の終わりを確認できること

ステップ❷

指導目標	活動の見通しをもち授業への参加時間を増やす
27項目の選定	・状況理解と予定変更への対応 ・集団参加の手順や決まりの理解

ステップ❸

指導内容	教師と一緒に活動スケジュール表を確認し、活動が終わるごとにチェックマークをつける

> ◆ POINT ◆
>
> 27項目のキーワード一覧表を参考にして必要な項目を選定
> できたら、項目を関連づけて具体的な指導内容を検討する

CHAPTER 2-6

自立活動の授業づくりで
目指すもの

本項目以降では、事例を通じて授業を組み立てるための16のコツ
を紹介していきます。

■目指す子どもの姿と授業づくりの16のコツ

　個別の指導計画を作成したら、次はいよいよ授業づくりです。

　自立活動は、個々の幼児児童生徒が**自立を目指し**、障害に基づく
種々の困難を**主体的に改善・克服しようとする取組**を促す教育活動
です。また、現・学習指導要領では、資質能力の育成を目的に、子
どもの主体的・対話的で深い学びの実現に向けた授業改善が課題と
して示されています。

　つまり、自立活動の授業では、何を学ぶのか（学習内容）だけで
はなく、子どもの学び方が重要視されています。目指すべき子ども
の学び方は、指導者からの指示で受身的に何かを学ぶのではなく、
子どもが主体的に、他者と協働しながら課題に取り組む姿だととら
えることができます。

　このような子どもの学ぶ姿を追究した授業づくりとして、参加や
活動機会を豊富にし、支援環境を見直すことを視点とした授業実践
が効果を上げています（藤原・武藏, 2012、藤原・武藏, 2016、村
中, 2013）。

　本項以降では、先行実践を参考に、「自立活動の時間における指
導」を中心とした授業を組み立てるための16のコツを紹介します。

授業を組み立てるための16のコツ

(1)	授業展開を 工夫する	導入	①	授業のねらいが子どもにわかるように伝える
			②	活動のねらいを子どもと一緒に考える
			③	説明した内容を黒板に残す
		展開	④	やり方がわかるように伝える
			⑤	メイン活動のなかに個々の目標を組み込む
			⑥	繰り返し取り組める機会を設ける
		振返り・評価	⑦	視覚的・具体的に振り返りや評価をする
			⑧	子どもが評価活動に参加できるようにする
(2)	参加・活動機会を 充実させる		⑨	教師の役割を子どもに役割活動として設定する
			⑩	子ども同士のやり取り場面を設定する
(3)	物理的な 支援環境を 工夫する		⑪	子どもが動きやすい座席・教材の配置を考える
			⑫	子どもが取り組みやすい手がかり・補助具を用意する
			⑬	子どもが自ら使いこなせるように練習する
(4)	人的な 支援環境を 工夫する		⑭	実態に応じた効果的な手助けをする
			⑮	自分でできるように手助けを減らす
			⑯	子どもの自信が高まるように称賛をする

> ◆ POINT ◆
>
> 自立活動の授業では、何を学ぶのか（学習内容）だけではな
> く、子どもの学び方が重要視されている

【参考文献】

・藤原義博・小林真・阿部美穂子・村中智彦（2012），特別支援教育における授業づくりのコツ
　これならみんな分かって動ける，学苑社．
・藤原義博・武藏博文（2016）：特別支援教育のための分かって動けて学び合う授業デザイン，
　ジアース教育新社．
・村中智彦（2013）：「学び合い，ともに伸びる」授業づくり，明治図書出版．

授業展開を工夫しよう
──授業を組み立てるコツ①〜⑧

ここでは、集団指導の効果を高めるための授業展開（「導入」⇒「展開」⇒「振り返り・評価」）の工夫を紹介します。

▌(1) 授業展開を工夫する

　自立活動は個別指導を基本としますが、現実的には人員不足のために、一人ひとりにじっくりとかかわる時間の確保が難しいと思います。また、「時間の指導」おける集団指導は、子ども一人ひとりの指導目標が異なるのに、集団で行わなければならないことに難しさがあります。集団指導でありながら、実際は一人ひとり順番に活動に取り組み、他の子どもの待ち時間が多くなってしまう場合も多いのではないでしょうか。

　しかし、子ども同士が互いの活動に注意を向けたやり取りをすることを通して学べる環境は、集団指導の大きなメリットです。メリットを活かし、指導の効果を高めるための授業展開（「導入」⇒「展開」⇒「振り返り・評価」）の工夫について説明します。

【導入】
コツ①：授業のねらいをわかるように伝える
コツ②：授業のねらいを子どもと一緒に考える
コツ③：説明した内容を黒板に残す

● コツ①：授業のねらいがわかるように伝える

　導入場面では、その後の展開場面で行うメイン活動のねらいを説明します。なぜその活動をするのか、活動への目的意識をもてるように、写真やイラストを用いて、わかりやすく説明します。

　たとえば、ボールを転がして穴に入れるゲームがメイン活動であれば、「ボールをよく見ながら箱を動かす」こと、「友達と順番に行う」ことなどがねらいとして考えられます。

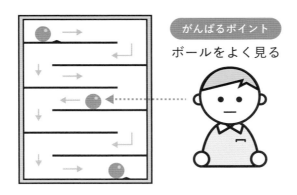

● コツ②：授業のねらいを子どもと一緒に考える

　活動のねらいを子どもと一緒に考えられる場合は、わるい例も示して、どうしたらボールが早く穴に落ちるか、また、どうすれば仲よく遊べるのかを問いかけ、子どもから活動のポイントを引き出すのもよいです。初回の授業では難しいかもしれませんが、繰り返していくうちに、「ゆっくり横に動かす」や「じゃんけんで順番を決める」「タイマーを使う」など、これまでの経験をもとにした意見が出てくるようになります。

● コツ③：説明した内容を黒板に残す

　導入場面では、PCやタブレット端末をテレビにつなぎ、子どもたちにわかりやすく写真やイラスト等を使ってプレゼンテーションす

CHAPTER 2

授業の組み立て方のコツを知ろう

ることがあるでしょう。視覚的な情報を使って説明することはとても効果的ですが、気をつけたいのは、情報が流れていってしまうことです。

　記憶として留めておくには、プレゼンテーションで説明したことを板書に残していく必要があります。プレゼンテーションの内容を印刷したプリントを説明に合わせながら黒板やホワイトボードに貼っていくことで、途中で授業のねらいを思い出したり、振り返りや評価場面で活用したりすることもできます。

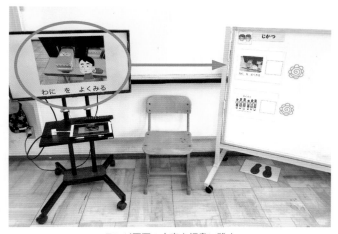

テレビ画面の内容を板書に残す

【展開】
コツ④：やり方がわかるように伝える
コツ⑤：メイン活動のなかに個々の目標を組み込む
コツ⑥：繰り返し取り組める機会を設ける

● コツ④：やり方がわかるように伝える
　展開場面では、教師がメイン活動のやり方をモデルで示します。

教師の動きに注目しにくかったり、模倣のスキルが弱かったりする子どもがいる場合は、動画でやり方を示すと注目しやすくなることがあります。また、授業が進んでいけば、モデルを示す活動を子どもの役割として設定し、友達に向けてポイントを説明する機会にすることもできます。

◉ コツ⑤：メイン活動のなかに個々の目標を組み込む

　メイン活動は、できるだけ実態差に応じて取り組めるよう、個々のできることや得意なこと、指導目標にかかわる内容を組み込むようにします。メイン活動で使用する教材のなかに個々の目標となる要素を探し、それを明確に意識して授業をすることで、集団指導のなかで個に応じた指導を展開することができます。

　子どもたちが活動を楽しむなかで、自然と個々の指導目標が達成できるような活動を考えることがポイントです。

　たとえば、的あてゲームであれば、以下の内容が考えられます。

的あてゲーム

- ボールを的に向けて投げる（目と手の協応動作）
- ボールを手から離す（手指の巧緻性）
- 投げる前にねらった的を伝える（コミュニケーション）
- ボールの受け渡し（やり取り）
- 相手に声をかける、ほめる、援助する（援助を受ける）　等

　的あてゲームそのものにかかわる目標だけでなく、集団指導だからこそできる目標も設定することができます。メイン活動に個に応じた指導目標を組み込み、教員間で情報共有して指導にあたることで、集団指導の特性を活かしながら、個々の指導目標を達成できるようにします。

　その他、集団指導で使用したメイン活動の教材例と個々の指導目標例を次ページに紹介します。

◉ コツ⑥：繰り返し取り組める機会を設ける

　集団指導の場合、順番を待たなければならないことが多く、活動機会が乏しくなります。そのような事態を改善するために、待ち時間を少なくして、活動に繰り返し取り組める展開になるよう工夫します。たとえば、以下のような発展的な工夫が考えられます。

- メイン活動で使用する教材を複数用意して競争する
- 1つの教材を共有し、協力して取り組む
- 片づけ係、判定係の役割を設定する

　単元の開始当初は難しいかもしれませんが、徐々に取り入れるようにしていくことで、子どもたちが繰り返し学べる授業展開になっていきます。

● iPad で好きなもの紹介（ドロップトークを使用）

※乗り物、飲み物、お菓子、色　など

【個々の指導目標例】
・好きな物を写真から選ぶ
・好きな理由を伝える
・友達と握手をする
・友達の話を聞く
・質問に答える

● 虫取りゲーム

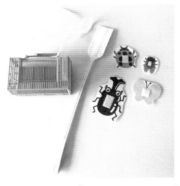

【個々の指導目標例】
・手を伸ばして物を取る　・両手ではりついた虫をはがす
・道具を使って物を取る　・取りたい虫の名前を答える

● ボールキャッチ

【個々の指導目標例】
・転がるボールを手で受ける
・転がるボールを道具で受ける
・相手に向けてボールを転がす

このような展開の工夫は、別の単元や授業でも同様に発展させることで、子どもたちも見通しがもてるようになり、単元の最初から、待ち時間の少ない展開にすることができます。

【振り返り・評価場面】
コツ⑦：視覚的・具体的に振り返りや評価をする
コツ⑧：子どもが評価活動に参加できるようにする

◎ コツ⑦：視覚的・具体的に振り返りや評価をする
　振り返り・評価では、導入で説明した活動のねらいを達成できたかを振り返るようにします。子どもが客観的に自分自身の行動を振り返ることが難しい場合、メイン活動の様子を動画で撮っておくことをおすすめします。動画を見たあとに感想を発表したり、振り返りシートに自己評価を記入したりするのも子どもが自信を高めるのに効果的です。評価は、できなかったことではなくて、できている部分に注目します。そして、活動のねらいと関連づけて具体的に評価します。
　たとえば、コツ①のボールを転がして穴に入れるゲームであれば、「ボールをよく見たから穴に落ちたね」のようにです。そして、花丸カードやシール等、目に見える形で評価し、評価を残していくようにします。評価の方法は、生活年齢に配慮したものにすることも大切です。

◎ コツ⑧：子どもが評価活動に参加できるようにする
　発表評価場面は、教師だけでなく友達からも評価してもらい、互いに認め合い、高め合っていける関係を作ることも大切です。

■ 評価ボード

　子どもが評価活動に参加できるように、教師の評価は長々と説明するのではなく、子どもが真似して行えるようにモデルを示すことが効果的です。たとえば、教師が子ども役となって、子どもに花丸カードを手渡しながら「がんばったね」と言って称賛します。これを子ども同士にも実際にやらせてみるようにすることです。

　このような評価機会を積み重ねることで、評価場面を「人間関係の形成（かかわり）」や「コミュニケーション（はなす）」の指導内容を学ぶための学習活動として活かすことができます。

　子どもの実態によっては、即時評価でないと理解することが難しい場合もあります。その場合は、活動直後の評価を中心にして、必要以上に振り返り・評価の時間が長くならないように配慮します。

POINT

集団指導の大きなメリットは、子ども同士が互いに活動に注意を向けたりやり取りすることを通じて学べること

参加・活動機会を充実させよう
── コツ⑨〜⑩

ここでは、「朝の会」などの事例をもとに、活動・参加機会を増やしていくためのコツを説明します。

■（2）参加・活動機会を充実させる

次に、「（2）参加・活動機会を充実させる」という視点での授業を組み立てるコツを紹介します。

> コツ⑨：教師の役割を子どもに役割活動として設定する
> コツ⑩：子ども同士のやり取り場面を設定する

学習上や生活上の困難さを改善・克服する力を高めるためには、**活動を豊富に設定して参加機会を増やし、繰り返し学べる環境をつくることが大切です。**

具体的には、授業で使用する教材や道具の準備、片づけをすることや子ども同士で課題解決のために協力すること、発表や評価場面で子ども同士でやり取りをすること等の活動機会が挙げられます。

離席などの問題行動は、活動機会が乏しく待ち時間が多いことや、子どもの注目欲求が満たされていないことが背景として考えられます。活動が充実し参加機会が増えることは、子どもの「もっと注目されたい」というニーズを満たし、相手に伝えるスキルなど、子どもの力を高めるとともに、問題行動の予防にもつながります。

本項では、各教科等を合わせた指導で自立活動の視点を盛り込んだ「朝の会」の実践事例をもとに、活動・参加機会を増やしていくためのコツを紹介します（村中，2013；滝澤・武藏，2020）。

　「朝の会」は毎日繰り返しできる指導場面であり、子どもが見通しをもちやすいメリットがあります。一方、毎日繰り返されるためパターン的になりやすい負の側面もあります。メリットを活かし、子どもたちの活動を充実し、参加の質を高めていきましょう。

◉ コツ⑨：教師の役割を子どもに役割活動として設定する

　教師が当たり前に行っている活動を見直し、子どもの役割活動に設定できないかを検討します。

　たとえば、教材の準備・片づけ、進行、時間割、給食献立の発表等です。教師の役割を子どもに任せると、時間がかかったり、うまく取り組めなかったりして、結局、教師がやったほうが「早くてラク」となりがちです。しかし、これらの活動は、道具の扱い方（身体の動き）、やり取りの基礎（人間関係の形成、コミュニケーション）と深くかかわっており、日常的に繰り返し取り組める「朝の会」は絶好の機会です。個に応じた役割活動を設定し、自分で取り組めるよう環境を整えることが大切です。たとえば、発語が難しかったり、不明瞭であったりする場合は、次ページのようにVOCAやタブレット端末等などの支援機器を使用する方法があります。

　役割活動は、最初から全員に同時に導入すると、指導が煩雑になりうまくいきません。まずは教師主導で朝の会を進め、朝の会の流れが定着したら、1人ずつ役割を導入していくことがポイントです。また、教師が朝の会を進めるときは、のちに子どもに役割を移行することを想定して、子ども役になって進行するのも効果的です。

進行用の VOCA と手順カード

朝の会の進行の様子

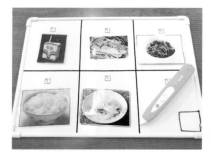

音声ペン G-Speak（Gridmark 社）
※シール部分をペンでタッチすると
事前録音された音声が出力される

音声ペンを使った
時間割係の様子

● コツ⑩：子ども同士のやり取り場面を設定する

　子どもが役割行動を取り組めるようになったら、次は役割活動を介して子ども同士でやり取りをするようにします。進行役の子どもが、「○○さん、時間割をお願いします」と依頼し、役割を担当する子どもが「はい」と言って取り組む具合です。

　たとえば、健康観察であれば、教師の呼名で子どもが手を挙げる、顔写真カードを貼るなどのやり取りが成立したら、教師の役割を子どもに任せて子ども同士でできるように場を設定してみましょう。2か月、3か月後には、子ども同士で「げんきです」「よかったね」と言いながらハイタッチするといったやり取りに発展し、人間関係やコミュニケーションの力の向上につながります。言葉によるやり

取りが難しい場合、最初は物を介したやり取りを設定するとよいです。名前を呼ぶ代わりに顔写真カードを手渡す、進行に使う指示棒をバトン代わりにする、花丸カードの受け渡しなどがあります。

　その他にも、「時間割や献立」の発表や復唱、「がんばったこと」を互いに発表・評価し合う機会もあります。毎日、繰り返しできるメリットを活かすことができれば、自立活動の指導目標を効果的に達成することができます。

健康観察でのハイタッチ

献立の発表と復唱

◆ POINT ◆

「朝の会」は毎日繰り返し行える指導場面で、子どもが見通しをもちやすいというメリットがある

【参考文献】
・村中智彦（2013）：「学び合い，ともに伸びる」授業づくり，明治図書出版．
・滝澤健・武藏博文（2020）：児童同士による役割遂行と相互交渉を促すための指導方法の検討－知的障害特別支援学校小学部「朝の会」の授業改善を通して－，香川大学教育実践総合研究，（41），11-23.

物的な支援環境を工夫しよう
── コツ⑪〜⑬

ここでは、教室全体の環境調整や、子ども一人ひとりの実態に応じた手がかりや補助具などについて説明します。

▐ (3) 物理的な支援環境を工夫する

続いて「(3)物理的な支援環境を工夫する」という視点での授業を組み立てるコツを説明します。

> コツ⑪：子どもが動きやすい座席・教材の配置を考える
> コツ⑫：子どもが取り組みやすい手がかり・補助具を用意する
> コツ⑬：子どもが自ら使いこなせるように練習する

◉ コツ⑪：子どもが動きやすい座席・教材の配置を考える

まずは、教室全体の環境を整えます。子どもの座席配置は、実際に子どもの座席に座ってみて、テレビ画面や黒板が見えるかどうか、不必要な刺激（掲示物や教材等）が視界に入っていないかをチェックします。また、メイン活動を子どもの視線でやってみて、動きやすい動線になっているか、最短距離で教材にたどりつけるかなどをチェックして、教材の配置を考えます。

事前に座席や教材の配置を計画し、シミュレーションをしておくことでゆとりが生まれ、準備をしながら授業を進めるといった事態

を避けることができます。

　さらに、座席・教材の配置が決まっていれば、子どもたちが準備・片づけに携わりやすくなり、子どもたちの役割として任せることができるようになります。下記の解説で示される「自ら環境を整える指導内容」と関連づけることができます。

> 小学部・中学部学習指導要領（第7章第3の2の(3)のエ）
> 　個々の児童又は生徒が、<u>活動しやすいように自ら環境を整えたり</u>、必要に応じて周囲の人に支援を求めたりすることができるような指導内容を計画的に取り上げること。

◉ コツ⑫：子どもが取り組みやすい手がかり・補助具を用意する

　教室全体の環境を整えたら、次は、子ども一人ひとりの実態に応じた手がかりや補助具を検討します。自立活動では、学習上や生活上の困難さを改善・克服するために、周囲の人に支援を求めたり、手がかりや補助具を使って課題解決したりすることが重視されています。「この工夫を使えば自分でできる」という自信を育み、自己理解にもつなげていくようにします。

　個に応じた手がかりや補助具として、「支援ツール」（武藏・高畑, 2006）を紹介します。支援ツールは、子どもがわかって動けるように、子どものもてる力を十分に発揮できるように計画されたもので、周囲からの口出しや指示を少なくして、子どもが自ら課題を実行し達成感を得られるようにすることとされ、以下の4種類があります。

　また、具体例として、支援ツール（②、③）を自立活動の6区分の枠組みで紹介します。

①認め合う関係をつくる交換記録ツール・チャレンジ日記
②実行を助ける手がかりツール・自助具（コミュニケーション拡大手段）
③自発を促す手がかりツール・スケジュール（手順書）
④支援環境を整える協働ツール・サポートブック

■ 6区分ごとの支援ツールの例

健康の保持

〈着替えの手順書〉
基本的生活習慣を身につけるためのツール

心理的な安定

〈スケジュールカード〉
活動の見通しをもち安心感をもつためのツール

人間関係の形成

〈やり取りのルール〉
友達とのかかわり方やルールを学ぶための
手がかりツール

環境の把握

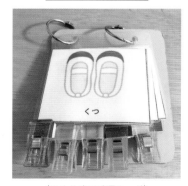

〈めくり式の手順カード〉
記憶を補助し、実行しやすくするためのツール

身体の動き	コミュニケーション

すぷりんぐ

おちゃ

ちゅーぶ

ぴんあーと

〈フープ縄跳び〉
本来の動きに近づけたり、補助したりする
ツール

〈コミュニケーションカード〉
要求などの意思を伝えるためのツール

支援ツールは、教材ありきではなく、子どもの実態（困難さ）や目標にフィットさせる必要があります。使っていくうちに子どもが必要でなくなる場合もありますし、反対に必要な部分を補わなければならない場合もあります。支援ツールを個別最適化するプロセスが大切です。

● コツ⑬：子どもが自ら使いこなせるように練習する

活動に取り組むための手がかりや補助具は、最初から子どもが使えるとは限りません。子どもが自分で使えるように教えるプロセスが必要です。最初はモデルを示して真似することから始め、少しずつ手助けを減らし、自分で使いこなせるようにしていきます。教師がお膳立てして、「はい、やってごらん」と言うのではなく、準備から片づけまでの一連の流れを、自分で実行できるように計画して練習します。

▌事例 活動スケジュール表を使って課題に取り組む

　Ｂさんは、失敗することが苦手で、活動の途中で先生に指示されたり、訂正されたりするとかんしゃくを起こしていました。この困難さの背景には、衝動性が強く、行動がパターン的で自己流になりやすいことが考えられました。

　そこで、活動の始まりと終わりを確かめながら、落ちついて取り組めることを指導目標としました。具体的には、「時間の指導」で、活動スケジュール表を使う練習を取り入れました（次ページ参照）。課題は3種類用意し、スケジュールに示されたとおりの順番で実施することを目指しました。

　最初は、「3つの勉強をします」と言いながら活動スケジュール表を見せて課題量がわかるように示します（ステップ①）。次に、一番上に示された課題を取りに行くのを手助けします（ステップ②）。課題自体は1人でできるものを選んで用意しておきます（ステップ③）。1つ目の課題が終われば、元に戻すことを教えます（ステップ④）。その後は、2番目、3番目と繰り返します。スケジュールをチェックする方法は、鉛筆でチェックマークや丸印を書いたり、カードをめくったりするなどがありますが、Ｂさんには、衝動性の強さを考慮して、操作手順が少ない簡単な方法を取り入れました。

　できるようになってきたら、徐々に手助けを減らしていき、先生との距離も離していくようにしました。3つの課題がすべて終われば、先生のところにやってきて報告することを促しました。スケジュール表は、1つの場面で使えるようになったら、他の場面でも活用できるようにしていきました。

■ 活動スケジュール表の使い方を教えるステップ例

ステップ **1**

課題の量や順番を説明する

ステップ **2**

最初のスケジュールカードを持って
課題を取りに行く

ステップ **3**

机上で課題をする

ステップ **4**

課題を元の場所に戻す

> ● POINT ●
>
> 支援ツールは子どもの実態（困難さ）や目標にフィットさせ
> る必要があり、支援ツールを個別最適化するプロセスが大切

【参考文献】
武蔵博文・高畑庄蔵（2006）：発達障害のある子とお母さん・先生のための思いっきり支援ツール , エンパワメント研究所 .

人的な支援環境を工夫しよう
──コツ⑭〜⑯

ここでは、教師の手助けの種類やポイント、手助けの減らし方などについて説明します。

▌(4) 人的な支援環境を工夫する

最後に「(4) 人的な支援環境を工夫する」という視点での授業を組み立てるコツを説明します。

> コツ⑭：実態に応じた効果的な手助けをする
> コツ⑮：自立に向けて手助けを減らす
> コツ⑯：子どもの自信が高まるように称賛をする

◉ コツ⑭：実態に応じた効果的な手助けをする

子どもが目標行動を自分の力で取り組めるよう、教師はヒントや援助等の手助けをします。**手助けの種類には、援助の程度が弱いものから順に、言葉かけ、指さし、手本を見せる、手を添えて促す**などがあります。

教師の手助けは、その場の思いつきではなく、事前に計画して行います。思いつきで行う手助けは、子どもが自分でやろうとしているのを妨げるおせっかいになりかねません。子どもの実態に合った過不足のない手助けを行うには、教師側のトレーニングが必要にな

ります。

日々の授業では、以下の「手助けをするときのポイント」を念頭に実践を積み重ねていきましょう。

- 複数の手助けを同時に使わない、繰り返さない
- 子どもの注意を引いてから手助けをする
- 自分からやろうとしているときは手助けするのを待つ

指さししながら言葉かけをする、手を添えながら言葉かけをするなど、複数の手助けを同時にしたり、必要以上に矢継ぎ早に言葉かけを繰り返したりすると、子どもにとって処理する情報が増え、何に注目してよいのかがわかりにくくなります。一度に1つの手助けをしたら、行動が起こるのを数秒待ち、できなければ次の手助けをするようにしましょう。

子どもが教師に注目していないのに、あれこれ手助けする場面もよくあります。子どもが見ていないときに、指さしで活動を促しても効果はありません。名前を呼んで注意を向け、視線がこちらに向いていることを確かめてから、手助けするようにしましょう。

知的障害や発達障害のある子どもは、指示されてから行動に移すまでに時間がかかることがあります。個々の実態によっても変わってきます。どれくらい待てば行動を開始できるのかを把握しておいて、子どもが気持ちよく活動に取り組めるように、タイミングよく手助けをするように心がけましょう。

子どもができないときの手助けは、誰が、どのタイミングで、どの手助けをするのかを事前に計画しておくとよいです。そのためには、指導前の現在の状態を把握しておく必要があります。

たとえば、「活動スケジュール表をチェックする」という指導内容

であれば、以下の5つのステップが考えられます。

ステップ	評価
スケジュール表を見に行く	○
次の活動のスケジュールカードを指さす	△
スケジュールカードに示された課題を取る	△
課題をやり終える	○
スケジュールカードをめくる	×

評価基準：○1人でできる　△手助けがあればできる　×できない

　ステップごとに1人でできること、できそうなこと、できないことを評価して実態把握することで、どのステップを手助けして教えていくかを計画することができます。「必要なところだけを手助けして、できているところは見守る」のように、必要最低限の手助けでメリハリをつけて自立に向けた指導をすることができます。

◉ コツ⑮：自分でできるように手助けを減らす
　手助けによって子どもが課題に取り組めるようになったら、徐々に手助けを減らしていきます。手助けは最終的になくしていき、自分で取り組めることを目指します。
　手助けの減らし方には2通りあります。最初に強い手助けから始めて、徐々に弱い手助けにしていく方法①（99p参照）と、弱い手助けから始めてできるのを待ち、できなければ徐々に手助けの程度を強くしていく方法②（100p参照）があります。方法①は、失敗経験を少なくすることができるので、年齢の幼い子どもやより重度の子どもに向いています。

■ ①強い手助け⇒弱い手助けにしていく

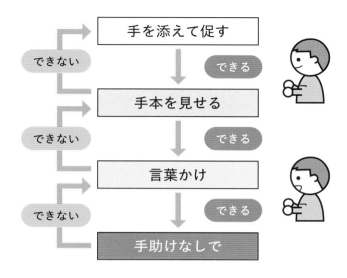

「手を添えて促す」でできるようになったら、次の段階では「手本を見せる」のように、徐々に手助けを弱めて行きます。できなければ、前の段階の手助けに戻すようにします。

　どのように手助けを減らしていくのかを計画して、教師間で共通理解して取り組みましょう。

● コツ⑯：子どもの自信が高まるように称賛をする

　子どもができた瞬間をとらえ、しっかりと称賛しましょう。教師は、子どもの不適切な行動のほうが気になって注目しやすいと思いますし、時には口やかましく注意することもあるでしょう。

　反対に、子どもができるようになったことは、教師にとって当たり前になってしまい、いつの間にか注目することも少なくなっていきます。

■ ②弱い手助け⇒強い手助けにしていく

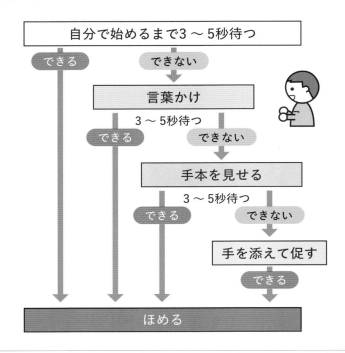

まずは、手助けのない状態で行動開始を数秒待ちます。できなければ、最も弱い手助けから始めていき数秒待ちます。できたらほめるようにします。どの段階の手助けでできたかを把握していきます。

　子どもにとって不適切な行動をするほうが、先生や友達から注目される環境になってしまう場合も少なくありません。そうならないためには、教え始めだけでなく、できているところを見つけて意図的に称賛する機会を設け、子どもの注目欲求を満たしていくことが大切です。先生はいつも見てくれているという安心感は、活動への意欲の土台となり、自信を高めるのに不可欠です。

　注意することとほめることは、1：8ぐらいの割合で行うことがポイントです。

不適切な行動で注意を引く　　　　計画的・意図的にほめて
　　　　　　　　　　　　　　　　　　注目欲求を満たす

　低学年や障害がより重度な子どもは、言葉による称賛だけではうまく機能しないこともあります。その場合は、子どもの好きなものをリストアップしておき、言葉による称賛と併せて好きなものもご褒美として提示するようにします。繰り返していくうちに、言葉による称賛が効果を発揮するようになります。

　子どものなかには、称賛されることを嫌がる子どももいます。その場合は、やっている行動をそのまま表現して伝える方法がよいでしょう。「すごい」「がんばっているね」ではなく、「〜〜気をつけていたね」「先生のほうを見ていたね」など、大げさにほめるのではなく、「あなたのことをちゃんと見ていますよ」というメッセージを伝えるようにします。

　学齢期の間に、しっかりと称賛され、認められる経験を積み重ねていくことで、自信が育まれ、自己肯定感につながっていきます。そして、他者からの称賛の言葉は、やがて自分自身をほめる言葉にもつながっていきます。

> ◆ POINT ◆
>
> 教師は子どもが目標行動を自分の力で取り組めるよう手助けをするが、徐々に手助けを減らしていき、最終的には自分で取り組めることを目指す

記録・評価をしてみよう
──記録（データ）を取ることの重要性

記録は回数・頻度・時間・成果物などの内容を記し、継続的に取り組めるようにします。

客観的な記録に基づき記録を取る

みなさんは、自立活動の指導効果や子どもの変容を、何を根拠に評価していますか？　個別の指導計画で子どもの評価を書くとき、できるようになった最近の子どもの印象や様子だけを見て、評価を記述することが多いのではないでしょうか。

もしかすると、子どもの成長は、計画した支援による効果ではなく、もともとできていたのかもしれないですし、他の要因が関係していたかもしれません。客観的な記録に基づかない指導は、支援に効果がないにもかかわらず継続したり、反対に効果がある支援を中止したりする危険性があります。

記録（データ）を取ることは、車のナビの役割と似ています。目標達成に向けて支援がうまくいっているか、支援の改善が必要か、次の目標は何かなどを、判断するための情報を得ることができます。客観的な記録に基づき指導と評価を行うことが大切です。

記録の取り方

記録の大切はわかったとしても、授業準備や指導をしながらの記

録はとても大変なことです。できるだけ簡単に記録をつけられるよう、記録用紙を工夫したり、記録する場面や時間を決めたりして、継続的に取り組めるようにしましょう。

　最近では、タブレット等で動画を簡単に撮ることができますので、子どもの様子を定期的に動画に撮っておき、評価をすることもおすすめです。

　代表的な記録内容には以下のものがあります。

回数・頻度	目標とする行動が起きた回数を測定する。 例）離席回数、手を挙げて発表した回数
時間	目標する行動が続いた時間を測定する。 例）かんしゃくが落ちつくまでの時間、作業時間
成果物	行動の結果、得られたものを測定する。 例）プリント（指導前後で比較）、拾った空き缶の数　等

▍Bさんの場合の記録の取り方

　Bさんの事例をもとに記録の取り方を説明します。

　Bさんは、好きなおもちゃがあると教師の手を強引に引っ張ったり、かんしゃく（泣き声を出す）を起こしたりすることがありました。そこで、「休憩時間に好きな玩具を写真カードで要求する」という指導内容を設定しました。支援は、玩具を手の届かない場所に置き、教師に写真カードを手渡して要求することを促しました。

　記録は、休憩時間のかんしゃくの「回数」と写真カードを教師に手渡せた「回数」を記しました。1日中、記録を取ることは難しいので、毎日、同じ休憩時間に限定して記録しました。

　記録用紙は教室の壁に掲示しておき、教室内にいる教員が気づいたときに書き込めるようにしました。回数を数えるためにカウンターを使用しました。

■ B さんの記録

	日付	5/8	5/9	5/10	5/11	5/12	5/13	5/14	5/15	…
かんしゃく 手を引っ張る	3回以上	✓	✓	✓	✓					
	1～2回					✓	✓	✓		
	0回								✓	
写真カードを手渡す	3回以上								✓	
	1～2回						✓	✓		
	0回				✓	✓				

　記録用紙の横軸には日付、縦軸にはかんしゃくの回数、写真カードを手渡せた回数を3段階で評価し、✓マークで簡単に記録できるようにしました。

　記録用紙を見ると、指導前（ベースライン）は、1日に3回以上かんしゃくを起こすことが3日間続いていることがわかります。指導経過にともない、かんしゃくの回数が減り、写真カードを手渡して要求を伝えられる回数が増えてきたことが目で見てわかります。

　かんしゃくを減らすためには、その代わりとなる写真カードによる要求を教えることが適切であったと、記録から評価することができました。

子ども自身が記録を取ることができるように

　記録は教師だけが行うものとは限りません。子ども自身が記録できるようになることで、達成感を得たり、自己管理の方法を学んだりするのにとても有効な手段となります。

■ チャレンジ日記

（　　　）さんの
ちゃれんじにっき

まいめ

ひづけ	やったこと	ばしょ	シール スタンプ
／		いえ がっこう	

ひづけ	やったこと	ばしょ	シール スタンプ
／		いえ がっこう	

ひづけ	やったこと	ばしょ	シール スタンプ
／		いえ がっこう	

ひづけ	やったこと	ばしょ	シール スタンプ
／		いえ がっこう	

おうちのひとより

せんせいより

子ども自身が記録を取る方法として「チャレンジ日記」があります（前ページ参照）。チャレンジ日記とは、子どもの努力やがんばりをわかりやすい形にして記録に残し、認めたり評価したりする機会を増やし、やり取りを通じて自信を高めていくための交換記録ツールです（武藏・高畑, 2006）。チャレンジ日記の様式は個々の実態に合わせたものが用意されます。取り組んだ内容を自分で書く子どももいれば、教師のところへ持って行き、スタンプを押したりシールを貼ったりする子どももいます。

　評価を目に見える形で積み重ねることで、子どもも教師も保護者も達成感を得られるポジティブなサイクルを築くことができます。

　教師の指示でやらされるのではなく、子ども自ら目標を意識して、自己評価や報告するスキルを学ぶことが大切です。

● POINT ●

子ども自身が記録を取ることができるようになると、達成感を得たり、自己管理の方法を学んだりすることができる

【参考文献】
・武藏博文・高畑庄蔵（2006）：発達障害のある子とお母さん・先生のための思いっきり支援ツール. エンパワメント研究所.
・滝澤健・武藏博文（2022）：知的障害特別支援学校小学部における家庭学習支援 – オンデマンド動画教材の開発とチャレンジ日記の活用. 香川大学教育実践総合研究,（44）, 11-24.

CHAPTER 3

― 事 例 ―

自立活動の進め方と
授業の基本のコツ

CHAPTER 3-1

小学校・自閉症情緒障害特別支援学級の「身体の動き」の授業

ここでは、文字を書くことが苦手な子どものケースを取り上げて解説していきます。

Ａさんの事例

● 小学校・自閉症情緒障害特別支援学級

・自立活動の時間における指導

・区分：身体の動き

● 学級編成

　２年生４名、５年生１名、合計５名

● 文字を書くことが苦手な小学２年生Ａさんの実態

　学校生活では、授業中にノートを書いたり、休み時間に連絡帳を書いたり、様々な場面で「書く力」が必要です。Ａさんは小学２年生で、活発で体を動かすことが好きです。教師の話を聞いて学習内容を理解し、授業に参加できますが、板書された内容をノートに視写するなど、書く場面で困り感を抱いています。自分の考えをもち、書きたいことは多くありますが、文章で表現しようとすると時間がかかって表情が暗くなります。「もっときれいに書きたい」、そう思っていても、どのように書けばいいのかわからない様子です。

■Aさんの行動のとらえ方

そこで、Aさんの文字を書く
力について、細分化した視点で
実態把握することで、指導目標
を設定することになりました。

Aさんのノートから書く力を
細分化して実態把握をすると、

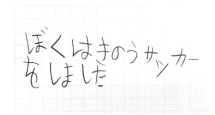

①ノートの大きさの把握、②行の幅の間隔の把握、③文字間の間隔
の把握、④文字の輪郭の把握、⑤文字の筆順（画数）、⑥似ている文
字の識別、⑦上下左右の感覚、⑧筆圧の調整、⑨文字の大きさを整
えて書くことに指導が必要であると考えられます。

文字を書くことは「できて当然」「書けて当たり前」と感じるかも
しれませんが、自分の考えや思いを表現することができ、文字で記
録に残すことができるのはとても幸せなことなのです。スマートフ
ォンやタブレット、パソコンの普及により、生活の場で文字を書く
機会は減っているように感じますが、仕事や生活の場では、サイン
をする、メモを残す、書類をつくるなど、書く力を必要とする場面
は多々あります。自分の考えを表現する手法の1つとして「文字を
書く」スキルを獲得することは、将来の自立と社会参加につながる
と考えることができます。

自立活動で大切なことは、「克服と改善」を目的とする学びの提供
です。自分が苦手だと感じていること、これまで怒られたり注意さ
れてきたことなど、自分の困っていることが理解できている真面目
な子ほど、苦しい学習内容となります。だからこそ、子どもたちが
少しでも楽しく学習できるように創意工夫が必要なのです。

３ステップで考える

本人が学習上、生活上で困っていることを挙げましょう

文字を書く際に、バランスのよい行間や文字間、整った文字で書くことが難しい。書き間違いが続くと、気持ちが落ちつかなくなり、文字が乱れてしまう。

困難さの理由を6区分で考えてみましょう

からだ （健康の保持）	給食を食べ過ぎてしまうことがあり、午後の授業は集中力が続かないことがある。
きもち （心理的な安定）	文字の間違いが続くと、消しゴムを使用することが嫌になり、書く文字が雑になってしまう。
かかわり （人間関係の形成）	書き間違いが続くと、教師や友達の声に耳を傾けようとしないことがある。
みる・きく・おぼえる等 （環境の把握）	平面上に書かれている文字や形を、視空間認知することが難しい。
うごき （身体の動き）	微細な手指運動が苦手で、絵を描いたり、文字を書いたりすることが難しく、自分のイメージ通りに進まない。
はなす （コミュニケーション）	担当の教師が変わると、わからないときなどに質問することが難しい。

　Ａさんの学習の様子を観察すると、文字を書くことの困難さがひんぱんに見られます。自分の考えを表現するときだけでなく、教師の板書内容をノートに視写する際にも、時間がかかったりケアレスミスが多く見られます。6区分で考えると、特に、絵を描いたり、文字を書いたりすることへの難しさが背景要因となって、心理的な安定や人間関係の形成に影響があることが考えられました。自分のイメージ通りに書くことが難しい場面でも安心して活動に参加できる

ステップ❷	指導目標

実態から指導目標を考えましょう

長期目標	整った文字を決められたスペースに書くことができる。
短期目標	十字マスのなかで上下左右の位置関係を意識して書くことができる。

ステップ❸	指導内容

指導目標を達成するための具体的な指導内容を考えましょう

書くための3ステップ（見る→情報処理をする→書く）を元にした学習をする。	サーキット型の学習で楽しみながら学習をする。	体を動かす活動を取り入れ、集中力が続くようにする。

指導計画（いつ、どこで、だれと）を立てましょう

自立活動の時間における指導	週4回ある自立活動の授業のなかで、週2回を書く力の学習として計画し、在籍する学級の児童と一緒に少人数で指導をする。
各教科	国語のノートやワークシートについて色をつけることで集中して学習に取り組むことができるように指導する。
各教科等を合わせた指導	—
教育活動全体	必要なときに触覚を支援する教材を使用できるようにすることで自分の力で書くができるように指導する。

ように支援することが必要です。

　自立活動以外の時間では、各教科の授業時間において、わからないときや難しいときに教師に助けを求める「援助要求スキル」への支援や、「ノートのマス目を調整したり、触感のある下敷きを使用する」といった物的環境を整えます。

　Aさんが必要だと感じたときに、ストレスなく教材を使用できる雰囲気づくりが大切です。

■「自立活動の時間における指導」の実践

◎ 授業名

『見る・書くサーキット』

◎ 本時の目標

- 手指の動きを意識して、運筆をすることができる。
- 上下左右の位置を意識して十字マスに文字を書くことができる。

◎ 本時のタイムスケジュール

時間	子どもの活動
5分	挨拶をする 前時の振り返りをする 本時の共通目標を知る 本時の個別目標を知る
5分	〈見る〉教師と一緒に見る見るトレーニング （視覚認知にアプローチする時間）
10分	巨大絵合わせカードゲーム
15分	〈書く〉カラー十字マスで運筆 ①図形を1個ずつ ②文字を1文字ずつ ③文章や名前を視写
5分	ほめほめタイム （教師や友達とほめ合う時間）
5分	個人の振り返りシートに記入をする 片づけと挨拶をする

見る見るトレーニング

巨大絵合わせカードゲーム

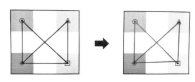
てんてん図形模写

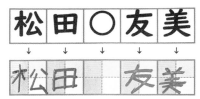
カラー十字マス

サーキット型の授業で集中力を持続を目指す

　様々な教科・領域の授業がありますが、特に自立活動の授業は、子どもが意欲的に学習できる時間でなければなりません。たとえば、「45分間着席していることが難しい→だから注意する」のではなく、「動きのある活動を取り入れる→学習を継続できるようにする」など、子どもたちが学習の目標に向かって学習できるように授業を計画していきます。その際、学級の子どもたちそれぞれの学びを保障することができるように、動線を意識した空間的環境を整えます。

　様々な学習を連続的に組み合わせた、本時のサーキット型の授業では、書く力の向上を目指して、視覚認知と運筆の視点から学習内容を決定しました。身体の動きはもちろん、環境の把握や心理的安定など、6区分の視点から授業内容を計画することが大切です。

■運筆や視覚認知トレーニングは継続して取り組む

4か月後の様子

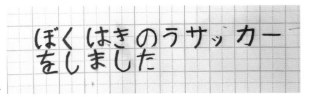

9か月後の様子

　書く力は、①入力（見る）→ ②情報処理（視空間認知など）→ ③出力（身体を動かして書く）という眼と脳と身体が連動した能力となっています。そのため、子どもたちの実態に応じて、それぞれにアプローチできるような学習内容を計画する必要があります。

　運筆では、手・指・腕・肩をスムーズに動かすことができるように進めていきます。力み過ぎている場合には、リラックスできるように声をかけたり、手を添えたりして支援をします。縦線や横線など直線的な運動から、カーブするような曲線的な運動へとステップアップをします。運筆は、手や指の筋肉を活用する学習であることから、ボタンをかけたり、ひもを結んだりといった日常生活の動作につながる活動を取り入れます。また、学習中の配慮としては、鉛筆の持ち方を意識できるように写真等で見本を用意すること、カラー十字マスの色（位置）を意識できるような声かけをします。

　自立活動では、長期的な目標を設定するため、記録を残すことが重要になります。学習で使用しているノートやワークシートなどの成果を残しておくと評価や課題が明確になります。

▌評価

- 手指の動きを意識して、運筆をすることができる
- 上下左右の位置を意識して十字マスに文字を書くことができたか

　Aさんは文字を書くことに苦手意識をもっていましたが、最後まで自分のペースで取り組むことができました。目標については、運筆の要素と視写の要素を合わせた学習に取り組んだことで、身体の動きと文字のバランスの両方を意識して取り組むことができました。カラー十字マスでは、「黄色からピンクに真っ直ぐ書く」など、声に出しながら取り組む姿が見られました。

▌本時の授業の反省

　体を動かすことが好きだというAさんの強みを授業に取り入れたことで、気持ちをリフレッシュしながら授業に参加することができ効果的でした。授業の最後には、ほめほめタイムを継続して入れることで、自分や友達のいいところに注目できるようになっていきました。また、カラー十字マスについては、漢字など画数が多くなった場合には、4分割のマスから9分割のマスにするなど、教材をアップデートする必要があると感じます。

> ● POINT ●
>
> 書く力は、①入力（見る）→ ②情報処理（視空間認知など）→ ③出力（身体を動かして書く）という眼と脳と身体が連動した能力となっている

小学校・自閉症情緒障害特別支援学級の「心理的な安定」の授業

ここでは、予定変更が苦手な子どものケースを取り上げて解説していきます。

Bさんの事例

● 小学校・自閉症情緒障害特別支援学級
・自立活動の時間における指導
・6区分：心理的な安定

● 学級編成
　3年生1名、5年生1名、6年生6名、合計8名

● 予定変更が苦手な小学3年生Bさんの実態
　学校生活では急な予定変更がありますが、Bさんは気持ちを切り替えることが難しく、泣く・怒るなどのかんしゃくを起こすことがあります。かんしゃくが落ちついたタイミングで話を聞くと、「やりたかったのにできなかった」「決まっていた活動ができなくなった」ときの予定変更がストレスであることがわかりました。Bさん自身、落ちつくことが難しいことに気づいており、困り感をもっています。教師と相談をしながら、自立活動の時間のなかで、落ちついて気持ちを切り替えることができるように計画をしました。

予定変更のパターンを言語化できることが重要

　Bさんのことを「やりたかったことができなかった＝泣く＝甘えているだけ、我慢できないだけ」と楽観的に解釈するのは危険です。子どもたち一人ひとりがいつどんなときに不安になるのか、丁寧に実態把握をすることが大切です。

　Bさんの強みは、見通しをもって生活することができるところです。そのため予定変更となった際は、「決まっていた活動ができなくなった」ことへの不安を強く感じます。まずは予定変更への対応方法とそのパターンを知ることから始めることが大切です。見えないものへの不安やストレスを感じる子には「言語化」「可視化」をして明確にすることが第一歩です。教師の声かけが抽象的なものから具体的なものへと変わることで、安心感をもって生活できるようになります。下記のように、予定変更のパターンを言語化して伝えることが大切です。

追加	予定になかった活動を新しく追加する
削除	予定にあった活動の一部または全部をやめる
途中でやめる	進行中の活動を途中でやめる
活動の変更	予定していた活動を別の活動に変更する
順番の入れ替え	予定していた活動の順番を入れ替える
最後にやる	予定していた活動を授業や1日の最後にする
後日にやる	予定していた活動を別日に予定する

　気持ちの切り替えが難しいBさんにとって「削除」への対応は難易度が高いでしょう。そのため、まずは変更や入れ替えなど、「活動ができること」への安心感がもてるパターンから授業に取り入れていくことが効果的だと考え授業を計画します。

3ステップで考える

本人が学習上、生活上で困っていることを挙げましょう

やりたかったことができなくなるなど、急な予定変更があると、イライラしてかんしゃくを起こす。活動に参加できなくなることが多い。

困難さの理由を6区分で考えてみましょう

からだ （健康の保持）	―
きもち （心理的な安定）	予定の変更があると気持ちを切り替えることが難しい。
かかわり （人間関係の形成）	イライラすると人の話を聞くことが難しい。
みる・きく・おぼえる等 （環境の把握）	かんしゃくを起こしている状態では、聴覚や触覚が過敏になる。
うごき （身体の動き）	―
はなす （コミュニケーション）	嫌なときや困ったときに助けを求めることができず、泣いて表現をする。

　Bさんの実態として予定変更への心理的な安定を図ることが必要と考え、指導目標を設定しました。短期目標として、信頼関係のある教師と一緒に予定を確認することを設定しました。これは、イライラしていると人の話を聞くことが難しいという人間関係の形成の視点から困難さを考えたときに、教師の話を聞くことができるようになることが、予定変更に落ちついて対応できるためのスモールステップになると考えたからです。

ステップ**❷**　指導目標

実態から指導目標を考えましょう

長期目標	予定変更が起きたときに自分で気持ちを切り替えることができる。
短期目標	教師の話を聞き、一緒に予定を確認することができる。

ステップ**❸**　指導内容

指導目標を達成するための具体的な指導内容を考えましょう

朝の会で1日の予定の見通しをもつ。毎時間の予定の確認を操作できるボードで確認する。	予定変更の様々なパターンを知る。	イライラしたときに、泣く・怒る以外の表現方法や落ちつくための手段を知る。

指導計画（いつ、どこで、だれと）を立てましょう

自立活動の時間における指導	週3回ある自立活動の授業のうち、週1回を予定変更の授業とする。
各教科	―
各教科等を合わせた指導	―
教育活動全体	朝の会と休み時間に予定の確認や予定表の操作を入れる。落ちつかないときには、落ちつきスペースを活用する。

　また、「授業中の予定変更」「1日を通した時間割の予定変更」のように、学校生活全体で困難さが見られる場合には、教育活動全体で取り組むことが大切です。一緒に予定を確認する時間を設定すること、不安になったときには、落ちつきスペースや落ちつく教材などを活用できることなどを学校全体で共通理解することで、Bさんの自尊心を大切にしながら自立活動に取り組むことができるように計画をしました。

■「自立活動の時間における指導」の実践

◎ 授業名
『予定の変更』

◎ 本時の目標
- 授業中に予定の変更があることを知る。
- 予定の変更があったときにぽかぽか言葉を使う。

◎ 本時のタイムスケジュール

時間	子どもの活動
5分	挨拶をする 前時の振り返りをする 本時の共通目標を知る 本時の個別目標を知る
5分	本時のやることを知る（学習の確認）
10分	漢字絵カード 聞き取りワーク
10分	カードゲーム→予定の変更→片づけ ぽかぽかコースをやってみよう
10分	ほめほめタイム＆ごほうびタイム （教師や友達とほめ合う時間） ※予定の変更によりできなかったカードゲームをする
5分	個人の振り返りシートに記入をする 片づけと挨拶をする

■ 予定の変更があることを予告した本時の板書

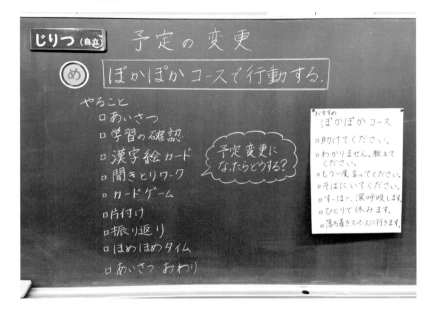

　授業を開始したタイミングで、本時の授業の流れに見通しがもてるようにすることが大切です。今回の授業では、予定変更があることを「予告」しています。これは、予定変更があることをBさんに知らせて心の準備ができるようにしています。本時では、Bさんが休み時間などに自分でも取り組めるカードゲームを授業の最後にするパターンで予定変更をします。Bさんの見通しをもつことができる、文字が読めるという強みを活かして板書をしました。

　心理的な安定を主とした授業では、個人差（手順のこだわり、時間の感覚など）を丁寧に把握すること、子どもの嫌がる活動は入れないこと、全員がわかるぽかぽか言葉（肯定的な言葉）や合言葉を決めておくことなどが大切です。子どもの好きな活動を奪うだけの授業にならないように、常に成功体験で終えることを意識します。

■ 連絡帳と操作できる予定表

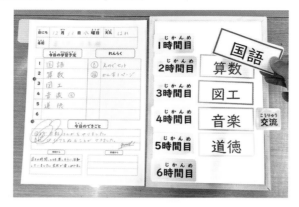

▌全教育活動のなかで取り組むための教材

　教育活動全体で使用する教材は、必ず授業で使い方を学ぶ機会を設定します。大人にとっては一度聞いただけで理解できる教材だとしても、子ども一人ひとりが理解できるように伝え方や学び方を工夫して伝えていきます。

　Bさんと相談をしながら、ノートの連絡帳よりも、プリントで1日1枚ずつ予定を確認することが効果的であったため、上記写真のような連絡帳を毎朝書いています。ホワイトボードを使用し、時間割をラミネートしたカードにマグネットを貼り、操作をしやすくすることで、毎日負担なく使用できるようにしました。長期的に取り組む学習については、無理なく継続できる仕組みや教材が重要になります。また、心理的な安定を目指す学習では、不安になったとき、イライラしたときなどに発散できる教材や安心できる空間が必要です。本時では、触覚にアプローチする「シリコンパテ」を使用しました。Bさんを含め、学級の子どもたちが自分のペースで気持ちを切り替えることができるように落ちつきスペースを常設し、環境を整えました。

トレーニング用シリコンパテ

教室内にある落ちつきスペース

▌評価

- 授業中に予定の変更があることを知ることができたか。
- 予定の変更時に黒板にあるぽかぽか言葉を使うことができたか。

▌本時の授業の反省

　授業中に想定できる予定変更について学習することができました。授業の最後は、必ず成功体験で終えることができるように学習の順序などを組み立てていきました。心理的な安定は、日々の実態把握が大切です。自立活動の時間における指導のなかで援助要求スキルや対応スキルについて学ぶ機会を設定、教育活動全体を通して実践できるように環境を整えます。学校生活全体のなかで「いつ・どこ・だれ・なに・どうした」のときに困難さが表出するのかを観察し、授業内容に取り入れていくこと、「やりながら評価・改善していく途切れない学び」が重要だと考えられます。

> ◀ POINT ▶
>
> 見えないものへの不安やストレスを感じる子には「言語化」「可視化」をして明確にすることが第一歩

特別支援学校（知的障害）小学部の「コミュニケーション」の授業

ここでは、順番が待てずに友達から玩具を奪い取ってしまう子どものケースについて解説していきます。

Cさんの事例

● 特別支援学校（知的障害）小学部
・自立活動の時間における指導
・区分：コミュニケーション、人間関係の形成

● 学級編成
　2年生8名

● 順番が待てずに友達から玩具を奪い取るCさんの実態
　Cさんは、目新しいものが好きで、休憩時間中、友達が遊んでいるものを見つけて奪い取る様子が見られました。教師が注意したり、友達から抵抗されたりすると、「なんでだよ！」と言ってかんしゃくを起こすこともありました。
　「かして」と伝えることを指導しましたが、「かして」と言い終わるまでに玩具を手にしていることが多く、相手の気持ちはお構いなしでした。また、授業中では、最初に自分が指名されないと友達を叩いてしまうこともあり、「一番でないとやりたくない」と不満を示すこともありました。

▌Cさんの行動のとらえ方

　Cさんの行動の背景を考えるために、休憩時間の様子を詳細に観察しました。Cさんが友達から玩具を奪い取ると、教師は注意をしたものの、かんしゃくがおさまらないため「じゃあ、『かして』と言ってごらん」と促し、結果的に玩具を獲得していることが多いことに気づきました。つまり、かんしゃくを起こすことで最終的に玩具を獲得できることを誤学習している可能性がありました。

　また、一度、気になる玩具で遊んでしまえば、その後はまったくそれで遊ばないこともしばしばありました。

▌Cさんの行動への指導方針

　そこで、直接、友達から玩具を取るのではなく、代わりの手段で玩具を要求することや、友達や指導者と順番に遊ぶ経験を積むことで、自分が一番でなくても遊ぶことができるという見通しや安心感をもってほしいと考えました。

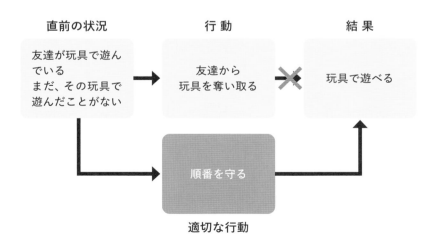

３ステップで考える

ステップ❶ 実態把握

本人が学習上、生活上で困っていることを挙げましょう

・ほしい玩具があると友達から奪い取る。
・「かして」と言うことができるが相手の返答を待てない。
・少しの時間でも待たされるとかんしゃくを起こすことがある。

困難さの理由を６区分で考えてみましょう

からだ （健康の保持）	—
きもち （心理的な安定）	待たされることが苦手で見通しがもてず、不安になりやすい。
かかわり （人間関係の形成）	相手意識が十分に育っておらず、玩具を共有したり順番に遊んだりすることが苦手。
みる・きく・おぼえる等 （環境の把握）	「待って」「あとで」などの抽象的な言葉での指示理解が難しい。
うごき （身体の動き）	—
はなす （コミュニケーション）	2語文の発語はあるが、一方的に要求を通そうとすることが多い。

　Ｃさんの学習上、生活上での困難さの背景を６区分で整理すると、待たされることが苦手で見通しがもちにくく、「待って」や「あとで」などの抽象的な指示理解が難しいのではないかといった意見が挙がりました。また、相手と順番に活動する経験も少なく、いつも1人で遊んでいることや、2語文で要求できるが、一方的で強い口調であることも課題として考えられました。

　指導目標として、「友達と順番に活動することができること」を設

ステップ❷ 指導目標

実態から指導目標を考えましょう

長期目標	友達と順番に活動することができる。
短期目標	・自分の順番で名前を呼ばれたら活動を始めることができる。 ・次の順番の友達に道具を手渡すことができる。

ステップ❸ 指導内容

指導目標を達成するための具体的な指導内容を考えましょう

順番ボードを見て、活動に取り組む。	遊びを交代するときに道具の受け渡しをする。	―

指導計画（いつ、どこで、だれと）を立てましょう

自立活動の時間における指導	集団指導でゲーム活動を設定し、順番ボードに沿って、遊びを交代する。
各教科	―
各教科等を合わせた指導	―
教育活動全体	休憩時間に、友達や教師と順番に遊んだり、玩具の貸し借りをしたりする。

定しました。「待って」や「あとで」などの抽象的な指示ではなく、顔写真カードを使って視覚的に順番がわかるようにし、少しずつ相手意識を育てていきたいと考えて指導計画を立てました。

　休憩時間で生じているCさんの困難さを解消できるように、「自立活動の時間における指導」で、小集団によるゲーム活動を設定し、友達と順番に活動に取り組み、順番を交代するやり取りを練習することにしました。

■「自立活動の時間における指導」の実践

◎ 授業名

『友達と順番に遊ぼう 〜わにわにゲーム〜』

◎ 本時の目標

- 自分の順番になり名前を呼ばれたら活動を始めることができる。
- 次の順番の友達に道具を手渡すことができる。

◎ 本時のタイムスケジュール

時間	子どもの活動
3分	本時の流れをプレゼンテーションで確認する
10分	テーマに沿って自分の好きな物をタブレット端末を使って発表する ※テーマは動物、飲み物、キャラクターなど、毎時間アイスブレークとして実施
2分	メイン活動のめあてをプレゼンテーションで確認する
20分	メイン活動 友達と順番にわにわにゲームで遊ぶ
5分	動画でめあての振り返りをする
5分	終わりの挨拶と片づけをする

　次ページの写真はメイン活動の教室レイアウトです。教室前方には、プレゼンテーション画面を映すテレビモニター、本時のめあてや順番ボードを提示するためのホワイトボードを配置しました。
　また、友達の活動の様子がよく見えるように、児童のイスを配置しました。メイン活動を始める前に、本時のめあて（わにをよく見て叩く、順番に遊ぶなど）をプレゼンテーションを使って説明し、

教室レイアウト

本時のめあて

わにわにゲーム／前面

わにわにゲーム／背面

ホワイトボードに掲示しました。振り返り時には、児童の様子を動画で振り返り、めあての達成を花丸カードで評価しました。

　わにわにゲームは、ゲームセンターにある「ワニワニパニック」を参考にペットボトルで手作りしました。活動中はゲームの雰囲気を高めることと、活動の終了をわかりやすくするために、軽快なBGMとともにわにが動くアニメーションをテレビモニターで流しました。

　最初は、教師がわにの操作を行いました。わにの動きをよく見て叩くことが目標の児童もいましたので、児童の実態差や目標に応じて動かすスピードや数を調整しました。授業が進むと、わにの操作も児童に任せて、友達同士でも遊ぶ機会を設けました。わにとハン

マーの役割や、誰と対戦したいかを選択できるようにし、「〜〜をしたいです」「○○さんと遊びたいです」など、新たにコミュニケーションの課題を追加しました。

　次ページ写真の順番ボードには、顔写真カードを並べて、マグネットで誰の順番かがわかるように示しました。指導初期は、教師が順番ボードを指さしながら、児童の名前を呼びましたが、慣れてきたら、次の順番の友達に、道具（ハンマー）を手渡すやり取りを導入しました。友達の名前を呼ぶツールとしてVOCA（音声を録音し、再生できる機器）を用意しました。次の順番の友達の名前を呼んでハンマーを「どうぞ」と手渡すやり取りを練習しました。

　Cさんは、順番ボードを見て自分の順番がわかると、一番にやることにこだわることはなくなり、落ちついて待てるようになりました。また、順番の交代場面では、自分の声でも次の順番の友達の名前を呼び、道具を手渡せるようになりました。
　また、Cさんがわにを操作する役割のときには、友達の動きに合わせてわにをゆっくり動かしたり、「ここだよ〜」とわにを振ってアピールしたりするなど、相手の存在を意識してかかわりながら遊ぶ様子も見られるようにもなりました。
　さらに、休憩時間の指導とも関連づけることができました。遊びたい玩具が友達と重なった場合も、勝手に玩具を取るのではなく、順番ボードやタイマーを自ら持ってきて、替わってもらったエピソードを確認することができました。

▌負けを受け入れる力

　Eさんは活動に意欲的ですが、自分の気持ちをコントロールすることに課題がありました。授業中の競い合う場面だけでなく、日常生活の些細な場面でも、友達を意識する様子が見られました。たとえば、登校後、教室に一番に入らないと怒ってしまい、先に教室にいた友達を叩いてしまうことが何度もありました。

　これまでのEさんの経験から「勝ち」にこだわり、「負け」を受け入れることが難しいことがわかります。これらのことから、負けを受け入れられるようになると、生活がしやすくなると考えました。

▌行動の背景要因を考える

　Eさんの行動を考えるうえで大切にしたことは、行動の背景要因を考えることです。負けを受け入れることができない行動の背景は何か。すぐにHow toを求めるのではなく、Whyの視点を大切にしたということです。担任である私がまず考えたあと、他の先生方からアドバイスをもらいました。複数人で子どもの行動をとらえることで、多面的に見ることができます。このときに大事なのはできない部分だけでなく、できる部分、得意な部分にも注目することです。たとえば、勝ち負けを意識するということは、人を意識できるということです。子どもの行動も、見方を変えるとかかわり方も変わってきます。

　これは、自立活動の困難さの理由を6区分で考えることとつながります。子どもの行動には理由があるとよくいわれます。なぜそのような行動をするのか、そうせざるを得ない理由は何なのか。子どもの姿をよく観察し、考えることで、指導支援のヒントが得られることがあります。

３ ステップで考える

ステップ❶	実態把握

本人が学習上、生活上で困っていることを挙げましょう

勝負に負けると自分の気持ちをコントロールすることが難しい。

困難さの理由を６区分で考えてみましょう

からだ （健康の保持）	寝不足のときは、イライラする。
きもち （心理的な安定）	勝ちにこだわる。気持ちのコントロールが難しい。
かかわり （人間関係の形成）	言葉よりも先に手足が出てしまうことがある。
みる・きく・おぼえる等 （環境の把握）	物事に注目することや集中して取り組むことが難しい。
うごき （身体の動き）	力加減が難しく、友達の肩を触ったつもりが叩かれたと言われることがある。
はなす （コミュニケーション）	滑舌がわるく、聞き取りづらい。

　Eさんの学習上・生活上での困難さの背景を６区分で整理すると、日々の生活のなかで様々な勝ちや順番にこだわり、自分の気持ちのコントロールが難しいことが挙げられました。そのため、Eさんが負けないように周りが配慮することが多かったのです。また、滑舌のわるさや語彙の少なさから言葉でのコミュニケーションがうまく取れず、先に手足が出てしまうことも課題であることが考えられました。

をかけられると、少し落ちつく様子も見られました。Eさんの口から「もう1回やろう」という前向きな言葉も聞かれるようになりました。

　また、取り組みを続けるなかで、Eさんも負けてしまった友達に、「どんまい」と声をかけられるようになっていきました。友達同士の対戦を見ることを通して、客観的に勝ちや負けを感じられるようになったのです。次第に、負けても怒らないでいられることが少しずつ増えていきました。

本実践の振り返り

　帰りの会では、1日を振り返り、感想を伝える場面があります。いつもどんな授業に対しても「楽しかったです」と定型文で終えるEさんでしたが、あるとき「負けて悔しかったです」と言いました。聞いていた私を含めたクラスの先生たちは驚きました。悔しい気持ちを適切な自分の言葉で表現できたからです。暴力や暴言ではなく、自分の気持ちを適切に表現できることは大切なことです。

　Eさんはこの活動を通して、日常生活のなかでも、落ちついて過ごせるようになっていきました。生活のなかで友達が失敗してしまった際も、「どんまい」と声をかける余裕もできました。

> POINT
>
> しっぽ引きゲームで負けを受け入れられたことにより、自分の思いを適切な言葉で伝えることができた

特別支援学校(知的障害)小学部の「環境の把握」の授業

ここでは、感覚に過敏さがあり、手足を触られるのを嫌がる子どものケースを取り上げて説明していきます。

Fさんの事例

● **特別支援学校(知的障害)小学部**
・自立活動の時間における指導
・区分:環境の把握、心理的な安定

● **学級編成**
　1年生6名

● **感覚に過敏さがあるFさんの実態**

　Fさんは、感覚に過敏性があり、手足を触られるのを嫌がる子です。また、歯磨きやうがい、マスクも苦手です。つまり、自分の体を守ろうとする防衛反応が働いていることがわかります。特別支援を必要とする子どもたちには、同様の反応を示す子が多いです。

　Fさんは教師や友達が手をつなごうとすると離れたり、触られるとびくっと体が固まったりしていました。そこで、支援として重要なのは、識別系(次ページで解説)を働かせることであると考えました。

学校のなかでの感覚統合指導

　感覚が過敏な子に対応するキーワードの１つは「触覚」です。触覚には、「原始系」と「識別系」の２つの働きがあります。刺激に対して防衛的に働くのが原始系で、物の形や大きさ、素材等を触って弁別するのが識別系です。触覚につまずきのある子は、肌に触れた感触がわかりづらいために、混乱して独特の反応を示します。

　さて、「感覚統合」という言葉が教育現場でも使われるようになってきました。木村氏は、著書『育てにくい子にはわけがある』（大月書店）のなかで、感覚統合を「脳に流れ込んでくる様々な感覚情報を交通整理する脳の働き」のようにわかりやすく説明しています。

　一般に、感覚統合はその頻度が多いほど効果が上がるといわれています。岩永氏は、著書『自閉症スペクトラムの子どもの感覚的・運動の問題への対処法』（東京書籍）のなかで、学校現場に感覚統合指導を取り入れることの利点を挙げています。その１つが「即時的効果」です。たとえば、多動傾向の子どもに、トランポリンで十分な動きの感覚を与えたあと、平均台などでのバランス課題を行うと、落ちついて取り組めることが多いです。座学での学習でも、着席して学習に取り組めることがあります。

　キーワードになるのは３つの基礎感覚です。姿勢や運動に関係する重要な感覚は、①触覚、②固有覚、③前庭覚の３つです。いずれも視覚や聴覚などと違い、自覚しにくい感覚で、これらの感覚にトラブルがあると生活上の困難が生じやすくなります。なかでもＦさんにも見られるような触覚のトラブルは多く、よく挙げられるのは首筋や手足などを触られることへの過敏な反応です。それにより、散髪や歯磨きでも、拒絶反応を示します。Ｆさんもまさにそうでした。逆に反応を感じにくく、自己刺激行動を繰り返す子もいるため、正しい知識と子どもの感覚の特徴に気づくことが大切です。

3ステップで考える

ステップ❶ 実態把握

本人が学習上、生活上で困っていることを挙げましょう

手足を触られることを極端に嫌がる。

困難さの理由を6区分で考えてみましょう

からだ （健康の保持）	アレルギーがある。
きもち （心理的な安定）	見通しがもてないことに不安がある。
かかわり （人間関係の形成）	触られることに抵抗感がある。 集団や人とかかわることが苦手。
みる・きく・おぼえる等 （環境の把握）	感覚が過敏である。 ものや人に注目するのが苦手。
うごき （身体の動き）	はさみやひも通しなど細かな動作が苦手。
はなす （コミュニケーション）	―

　Fさんの学習上・生活上での困難さの背景を6区分で整理すると、感覚の過敏さから、集団や人とかかわることが苦手であったり、ものや人に注目するのが苦手であったりすることが挙げられました。そのため、人を避けたり、新しいものに興味を示さなかったりする姿も見られました。触られることに抵抗感があると、手をつなぐことも嫌がり、校外学習等では安全性の確保にも課題が出る可能性がありました。

　指導目標として、「触れることへの抵抗感を減らすこと」を設定し

150

ステップ❷	指導目標

実態から指導目標を考えましょう

長期目標	触られることへの抵抗感を減らす。
短期目標	自分で様々なものを触ることができる。

ステップ❸	指導内容

指導目標を達成するための具体的な指導内容を考えましょう

触覚の識別系を促す経験をする。	様々な素材を弁別する学習をする。	―

指導計画（いつ、どこで、だれと）を立てましょう

自立活動の時間における指導	週1時間の時間における自立活動の時間において、個別の教材（秘密袋）を用意して取り組む。
各教科	国語の授業において、触覚の弁別学習に取り組む。
各教科等を合わせた指導	―
教育活動全体	―

ました。抵抗感を「なくす」のではなく「減らす」です。感覚の過敏性はトレーニングでなくすことは難しいため、様々な素材を弁別する学習を通して、楽しみながら触覚の識別系を育てたいと考えて指導計画を立てました。

　自立活動の時間における指導において、様々な素材を用意し、個別にじっくりかかわる時間を設けました。Fさんのペースを大切にしながら、ものを触らせるのでなく、触りたくなるようなかかわりを意識して取り組みました。

■「自立活動の時間における指導」の実践

◎ 授業名
『袋探し』

◎ 本時の目標
様々なものを手探りで触り、マッチングすることができる。

◎ 本時のタイムスケジュール

時間	子どもの活動
5分	挨拶をする 本時のめあてを知る
10分	やり方を説明する 見本を見せる
20分	秘密袋を用い、袋探しをする ①教師が袋から出したものを自分の袋から出す ②教師に指示されたものを自分の袋から出す
10分	振り返り

　秘密袋（次ページ写真）の材料と作り方は、次ページのとおりです。袋がなければ箱でも構いませんし、入れる中身も決まりはありません。家にある様々な素材のものを用意するとよいでしょう。子どもによっては、苦手な素材のものやお気に入りの素材のものがあると思います。バランスよく取り入れながら楽しく取り組めることが大切です。

秘密袋

同じものを袋に入れる

〈材料〉

① 袋2つ（中身が見えないもの）

② 袋の中に入れるもの（たわし、ボール、スポンジなどの触覚で
　違いがわかりやすいもの）

〈作成手順〉

　2つの袋に同じものを入れます。

　袋探しのメリットは、「遊びながら、識別系の感覚を働かせること
ができる」点です。遊びながらという点が大切です。遊びながら取
り組むことで、いつの間にか触れるようになる成功体験を生むこと
ができます。

　秘密袋の使い方の一例は、以下のとおりです。

　教師が袋からものを1つ取り出す。

　子どもは、それと同じものを手探りで自分の袋から取り出す。

　秘密袋を用いた「袋探し」は手探り遊びです。袋に様々な感触の
ものを入れ、手探りで何かを当てる学習です。

　まず、袋の中身を見せ、ものを1つひとつ確認します。このとき

に意識したいのは、教師が触らせるのではなく、子どもに触ってもらうことです。受け身ではなく、能動的なかかわりを促します。ものの感触を確かめたあと、袋に戻します。そして、教師が袋からものを1つ取り出し、続いて子どもにも自分の袋から同じものを取り出すよう促します。

　手探りで触ることに抵抗感があれば、ものを袋から出し、すべて見せて触れるものから触ってもらいます。まずは、触っても大丈夫という感覚を大切にしたいと考えています。

▍評価・指導の結果

　まず、袋の中身を見せ、ものを1つひとつFさんに触ってもらうことから始めました。最初に中身を見せたのは、安心感と見通しをもたせるためです。Fさんは、いくつかのものを触る様子が見られ、ものの感触を確かめたあと、袋に戻しました。そして、教師が袋からものを1つ取り出し、Fさんにも自分の袋から同じものを取り出すよう促しました。Fさんは、恐る恐る手探りでものを探し始めました。最初は中身を見てしまうこともありましたが、よいことにしました。繰り返し取り組むうちに、中身を見なくても手探りで探し当てるようにできるようになりました。

▍本実践の振り返り

　自立活動の授業と並行して、国語・算数の個別学習のなかでも触覚を意識する学習に取り組みました。用いた教材は「素材弁別」（次ページ写真）です。

　これは、タオル素材や紙やすりなど様々な素材を貼ったパネルをマッチングする教材です。様々な素材を触りながら、「同じ」「違う」

という概念を身につけます。F
さんはこの教材が大好きで、自
分からパネルを手に取り、触っ
て確かめる様子が見られまし
た。

　さらに日常生活のなかでも、
ポケットやカバンに手を入れ
て目的のものだけを取り出す
応用編も行いました。Fさん自
身が自ら触る行為を続けるこ

素材弁別

とで、次第に触れられることへの抵抗感も低くなっていきました。
触れられるものが増えると安心できる場所も増えていきます。やが
て、自分の周りの世界が広がっていくと感じています。

　子どもの感覚の特徴に気づき、識別系を働かせることが防衛反応
へアプローチする支援のカギだと考えます。「袋探し」のような、楽
しく感覚にアプローチできる教材がいくつもあるといいですね。

> 🍃 POINT 🍃

**自ら様々なものを触る行為を続けることで、次第に触れられ
ることへの抵抗感も低くなっていった**

CHAPTER 4

── 事 例 ──

校種別に見る自立活動の
授業実践のポイント

CHAPTER 4-1

小学校「LD等通級指導教室」の授業の事例

ここでは、計算をすることが苦手な子どものケースを取り上げ、解説していきます。

Ｇさんの事例

● 小学校 LD 等通級指導教室

・通級指導（自立活動）の時間における指導

・区分：環境の把握

● 学級編成

　2 年生 1 名、3 年生 1 名、4 年生 5 名、5 年生 4 名、6 年生 4 名、合計 15 名

● 計算をすることが苦手な 5 年生 G さんの実態

　G さんは、算数の計算が苦手な児童です。たし算とひき算は指を使いながら計算できますが、かけ算とわり算では困難さが見られ、九九の暗記ができていないため、かけ算には支援が必要です。筆算では計算結果を書く位置がわからないため、位の位置がズレています。わり算では、筆算の手順は覚えているものの、商の部分に積を書いたり、積の部分に差を書いたりする様子が見られます。

実態把握から考える3ステップの組み立て

　小学校通常学級の教科学習に参加するために、自分の苦手な部分を補いながら学習に取り組むことができるよう学ぶことも自立活動の役目だと考えます。九九を覚えることが困難であれば、九九表を見られるようにすることや、筆算の際には、マス目に色をつけて位の位置が視覚的に理解しやすくなるように教材を工夫して支援することも大切です。

　算数の計算になると、緊張する様子が見られることから、環境の把握にアプローチしながら、安心して学べるように計画する必要があると考えます。

■ 本時で活用した教材アイデア

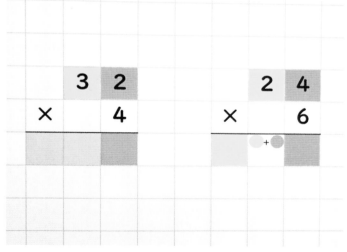

繰り上がった計算も「● + ●」の色分けでわかりやすくなる

3ステップで考える

ステップ❶ 実態把握

本人が学習上、生活上で困っていることを挙げましょう

・九九がほとんどわからない。
・かけ算とわり算の筆算ができない。

困難さの理由を6区分で考えてみましょう

からだ （健康の保持）	—
きもち （心理的な安定）	九九を言おうとすると緊張する。 九九に苦手感をもっている。
かかわり （人間関係の形成）	—
みる・きく・おぼえる等 （環境の把握）	目だけで表の縦横を交差させて見ることができない。 九九表を読み取れない。
うごき （身体の動き）	—
はなす （コミュニケーション）	—

　計算に取り組む様子や特性から、Ｇさんの計算への困難がわかります。そのため、九九に対して苦手意識を感じさせぬよう、スモールステップで計画を立てることが大切だと考えました。長期的には九九を覚えることを目標としながら、短期的には九九一覧表を見ながら筆算に取り組むことで、Ｇさんの自尊心を大切にしつつ、通常学級の算数の授業に参加できるように自立活動を行っていきます。算数の時間については、電卓を使用できるというＧさんの強みを活かして、色のついたマス目と電卓を使用し、物的環境を整えます。

160

ステップ❷ 指導目標

実態から指導目標を考えましょう

長期目標	九九を覚え、かけ算・わり算の筆算ができる。
短期目標	九九一覧を見ながら、かけ算・わり算の筆算ができる。

ステップ❸ 指導内容

指導目標を達成するための具体的な指導内容を考えましょう

「九九ジャン」を使って九九に親しむ。	九九一覧を見ながら筆算することで、九九への抵抗感を減らす。	筆算のマスは色分けされたものを使い、筆算の手順を覚える。

指導計画（いつ、どこで、だれと）を立てましょう

自立活動の時間における指導	週2時間の通級の時間に、個別指導を行う。
各教科	学級での算数の時間は、電卓を使用してもいい。
各教科等を合わせた指導	—
教育活動全体	—

　指導内容については、心理的な安定を図るためにゲーム要素のある「九九ジャン」（163P写真）を取り入れることにしました。また、九九への抵抗感を軽減させるために、九九一覧表や電卓を使用します。そして、環境の把握としては、「見る力」にアプローチします。位を色分けすることで、見たい位置に視点を合わせることができるようになり、眼球運動への支援につながります。色と位の関係（今回であれば一の位の計算はピンクに書くなど）を覚えることで、筆算の手順を覚えることができるように計画をしました。

■「自立活動の時間における指導」の実践

◎ 授業名
『かけ算の筆算をしよう』

◎ 本時の目標
• 九九一覧を見ながらかけ算の筆算ができる。
• 九九に親しむことができる。

■本時の工夫

　Gさんは視覚が敏感で、目に入ったものに反応してしまいます。また、かけ算の筆算では、どのマスに何を書けばいいのかがわからなくなるため、視覚の敏感さへの対応として、机の横にパーテションを置いています。筆算用のマスは、159Pの写真の通りに色分けをしています。

　筆算用のマスの色分けは、「一の位の数字にかけたら積をピンクのマスに書く」「十の位の数字にかけたら積を黄色のマスに書く」という色分けになっています。これにより、どこに何を書けばいいのかがわかるようになりました。

　Gさんはフォーマルアセスメントの結果から、全体像が把握できると理解がしやすい傾向があることがわかりました。そのため本時では、写真にあるように、「見てわかる」マス作りを使用し、計算するときには、九九一覧を見ながら計算していいことにしています。そのため、抵抗感なく取り組むことができています。

　教室には九九一覧を常に掲示しています。表形式では見にくさがあるため一覧にしています。Gさんは九九が覚えられずに苦手さを感じているため、「九九ジャン」（ジオジャパン）という九九遊びを

九九ジャン（ジオジャパン）

取り入れています。九九の答えが書いてあるカードを取り、同じ段の九九の答えを揃えていくゲームです。九九一覧を見ながらゲームをさせることにより、抵抗感なく取り組むことができています。

　何の段を揃えるか、どんな数字のカードがほしいのか、手持ちのなかでどのカードが狙いの段とは違うのかを考えながらゲームを進行するので、常に九九一覧とにらめっこになります。楽しみながら九九に親しむことができています。

> ◯ POINT ◯
>
> 計算が困難な場合、視覚的に理解しやすくなるように教材を工夫したり、親しみをもつことができるような支援も重要

（執筆者：足達淳一）

小学校「LD等通級指導教室」の授業の事例

ここでは、漢字を書くことが苦手な子どものケースを取り上げ、説明していきます。

Hさんの事例

● 小学校・LD等通級指導教室
・通級指導における指導
・区分：環境の把握

● 学級編成
4年生1名

● 漢字を書くことが苦手なHさんの実態

Hさんは体を動かすことが大好きですが、手先の不器用さがあります。注意を持続しながら物事をじっくり見極めることや集中することが難しく、ぱっと見ただけでわかったつもりになり、「もっと注意して見よう」と声をかけられることが多いです。検査をしたところ、目と手の協応の正確性に課題があり、形や空間をとらえることが苦手という結果が出ました。国語の学習では、漢字の書字に強い苦手意識をもち、字形が取れない、似たような漢字の区別がつかない、画数の多い漢字を覚えることができないなどの悩みをもっています。

実態把握から考える3ステップの組み立て

　Hさんのケースでは、「『見る力』を育てるビジョン・アセスメント　WAVES（Gakken）」を実施しました。このフォーマルアセスメントの結果から、目と手の協応についての課題が把握できたことで、眼球運動や視空間認知にアプローチする視覚認知トレーニングや、鉛筆を使用した運筆を取り入れることが効果的なのではと考えることができます。

　また、集中力の継続に困難さが見られることから、授業を計画する際には、短い時間でできる複数の活動を組み合わせることや、じっくり見ることで課題を達成できるようなゲーム性のある楽しめる内容を入れることで、Hさんも飽きずに取り組めるのではないかと考えて計画をしました。

■ 本時で活用した教材アイデア

視覚認知を支援する教材で文字の大きさを把握できるようにする

3 ステップで考える

ステップ❶　実態把握

本人が学習上、生活上で困っていることを挙げましょう

漢字を覚えることが苦手で、形を整えて漢字を書くことが難しい。

困難さの理由を6区分で考えてみましょう

からだ （健康の保持）	整理整頓が苦手で、学習用具や提出物の忘れ物が多い。
きもち （心理的な安定）	解決までの道筋が複雑になったり、難しさを感じたりすると、途中で投げ出してしまいがちになる。
かかわり （人間関係の形成）	友達や先生から間違いを指摘されると、取組みへの意欲が低下することがある。
みる・きく・おぼえる等 （環境の把握）	注意を持続することが難しく、見てわかったつもりになっていることがある。
うごき （身体の動き）	指先の不器用さに苦手さがあるため、丁寧に作業に取り組むことが難しい。
はなす （コミュニケーション）	困っていることや難しさを感じることを自分の言葉で伝えることが苦手。

　教科指導ではないので、漢字を覚えることを目標にしていません。長期目標と短期目標には、「漢字を覚えるために、自分に合った学習の仕方や記憶方法を身につける」ことを設定しました。短期目標では学習方法を身につけることを目指し、教師と一緒に学習方法を探します。本時では、漢字クイズを作り、漢字の形に注目できるように教材を工夫しました。長期目標では、探した学習方法を使って自分で学習に取り組む（家庭学習など）ことを目指しました。

ステップ❷　指導目標

実態から指導目標を考えましょう

長期目標	自分に合った学習の仕方や記憶方法を身につけ、学習や生活のなかで実践できるようにする。
短期目標	自分に合った漢字学習の方法を身につけることができる。

ステップ❸　指導内容

指導目標を達成するための具体的な指導内容を考えましょう

多様な視覚認知トレーニングに取り組む。	視覚支援を効果的に取り入れた漢字の覚え方や練習の仕方を工夫する。	じっくり丁寧に取り組むことのよさを体感できるような場を設定する。

指導計画（いつ、どこで、だれと）を立てましょう

自立活動の時間における指導	週1回の通級指導のなかで、自分に合った漢字の覚え方や練習方法を考えさせ、日常化できるよう指導する。
各教科	視覚支援の活用、書く量の調節、時間の確保をする。
各教科等を合わせた指導	―
教育活動全体	本人に合った方法での漢字練習が継続され、学習意欲の継続につなげられるよう、学級担任や保護者との連絡を密に取る。

　指導計画には、学校内外問わず学びを継続できるように、学級担任と保護者との連携を図ることを記しました。学校と家庭で漢字の学習方法を共通理解することで、安心して取り組めるようになります。また、教科学習の時間には、時間や書く文字量の調整など、授業に参加できるように関係職員と連携して指導・支援を継続します。指導記録（交換日記のようなもの）を通級担当・担任（専科教員なども含む）・保護者と共有できることが望ましいと考えます。

▌「自立活動の時間における指導」の実践

◉ 授業名
『めざせ！ 漢字の達人』

◉ 本時の目標
　漢字をパーツに分けて覚えることのよさを理解し、普段の学習に活かそうとする。

▌本時の工夫

　「文字を丁寧に書こう」という気持ちを育てるために、名前練習の際は、マスの大きさを意識して文字が書けるワークシートや色分けされたマスを活用しました。自分の名前が丁寧に書けたという成功体験から、

他の文字も丁寧に書こうという意欲の高まりにつながりました。教具では、楽しみながら注視する力や指先の巧緻性を高めるために、チップを使った数字タッチやお手本と同じように組み立てるキュービーズ、視機能にアプローチするサクトリー（上写真）に取り組みました。

　また、保護者からのアドバイスで、「漢字を自分の知っている漢字に分けて覚えると覚えやすい」ということを知り、画数の多い自分の名前や新出漢字を覚える際は、漢字をパーツに分けた「漢字クイズ」で学習しました。完成したクイズは、学級での漢字の復習に活用する予定です。

■ 漢字をパーツに分けた「漢字クイズ」

【材料】油性マジック、コピー用紙、A4クリアフォルダ

【手順】①ワークシートを活用し、漢字をパーツに分ける

②パーツごとに色分けしてカードに書く

③A4クリアフォルダーを8等分した透明なカードにそれ
ぞれ色分けしたパーツを書く（1枚に1パーツ）

◢◤ POINT ◢◤

自分の名前を丁寧に書けたという成功体験が、他の文字も丁
寧に書こうという意欲の高まりにつながった

【参考文献】
竹田契一（監修），村井敏宏・中尾和人：読み書きが苦手な子どもへの〈基礎〉トレーニング
ワーク，明治図書出版．

（執筆者：手代範子）

小学校「自閉症情緒障害特別支援学級」の授業の事例①

ここでは、友達とのかかわりに自信がない子どものケースを取り上げ、解説していきます。

Ｉさんの事例

● 小学校・自閉症情緒障害特別支援学級

・自立活動の時間における指導

・区分：健康の保持

● 学級編成

　４年生３名、６年生４名、合計８名

● 友達とのかかわりに自信がないＩさんの実態

　Ｉさんはこだわりは強いですが、やさしい性格でゲームや冗談が好きな児童です。学級の友達や担任とは自ら気兼ねなく話しかける一方、交流学級（集団）では休み時間に１人で行動するなど、集団内で自ら周りにかかわろうとする点に困難さがあります。支援学級の担任が交流学級にサポートに入っても避けようとする姿や、女子とかかわるときに特に緊張する姿などがあり、周りの目を気にしてうまくかかわれない様子も見られます。また、自分の身なりに気を配ることが難しく、自分と友達を比べ、自身を失う姿が見られます。

実態把握から考える3ステップの組み立て

　他者とのかかわりを深める・広げるためには、自分自身について理解できなければなりません。Ｉさんは少人数のなかで自分が信頼している相手だと社会性を発揮できる一方、集団のなかではかかわり方がわからず、自信がもてないことがわかります。

　最終的には、自分が必要とする範囲の人間関係の形成を図っていけることを目指していきますが、そのためのステップとして自分自身について知る機会の提供を計画していきます。Ｉさんは、自分の身なりに気を配ることが難しい面もあることから、健康の保持を主として3ステップを考えました。

■ 本時で活用した教材アイデア

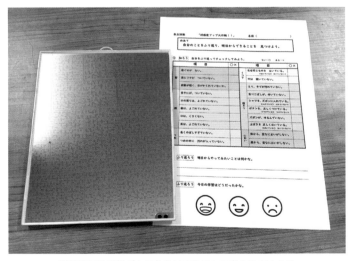

質問項目は種類ごとに色分けすることで考えやすくなる

3 ステップで考える

ステップ❶ | 実態把握

本人が学習上、生活上で困っていることを挙げましょう

自分の身なりに気を配ることが難しい。また、気心知れた友達とは、気軽に話しかけたり冗談を言ったりするが、交流学級などの集団では、周りの目を気にして、自分から話しかけることが難しい。

困難さの理由を6区分で考えてみましょう

からだ （健康の保持）	身なりが整わず、清潔感に欠ける。
きもち （心理的な安定）	人とのかかわりへの不安から黙り込んでしまう。
かかわり （人間関係の形成）	大きな集団では自分から他者にかかわれず1人でいるが、相手からかかわりがあると対応できる。
みる・きく・おぼえる等 （環境の把握）	―
うごき （身体の動き）	―
はなす （コミュニケーション）	どのように話せばいいかわからない。

　今回は、自分について理解をすること、社会人としてのマナーを習得すること、清潔感がある自分のことを自覚して、自分に自信をもつことなど様々な側面のある学習となります。

　将来的にも、洗顔や歯磨き、服装や爪切りなど、衛生面が整うことは、心身の健康的な生活に影響してきます。初回となる本時では、健康の保持を主として考え、計画を立案しました。健康の保持と心理的な安定の学習を中心に指導計画を考えます。

ステップ❷ 指導目標

実態から指導目標を考えましょう

長期目標	自信をもって自分から他者へかかわることができる。
短期目標	相手との良好なかかわり方を知り、実践することができる。

ステップ❸ 指導内容

指導目標を達成するための具体的な指導内容を考えましょう

自分のよいところを知る。	自分の身の回りを振り返る。	普段の生活内で具体例を挙げ、友達との適切なかかわり方を練習する。

指導計画（いつ、どこで、だれと）を立てましょう

自立活動の時間における指導	週1回の自立活動の時間に、クラス全体で自分のよさや第一印象、ソーシャルスキルについて振り返る授業を実施する。
各教科	意図的にクラスのなかで話しやすいペアやグループを設定し、相手との良好なコミュニケーションを経験する。
各教科等を合わせた指導	—
教育活動全体	休み時間に、友達や教師と遊ぶなかで、人とのかかわりの楽しさを経験する。

　本時の学習では、自分のいいところを知ることや自分の身の回りの生活（身支度なども含む）を振り返ることで、自分のことを客観的に把握し、社会性を育んでいきます。

　指導計画では、心的負荷をかけないように、意図的に交流学級ペアや少人数グループで活動できる機会を設定したり、教師と一緒に過ごすなかで、人とかかわることの楽しさを感じることができるように計画をします。

校種別に見る自立活動の授業実践のポイント

■「自立活動の時間における指導」の実践

◎ 授業名
『好感度アップ大作戦！』

◎ 本時の目標
　自分の身なりを振り返り、明日からできることを見つけ、実践意欲をもつことができる。

■本時の工夫

　本授業は、異性を気にするお年頃の気持ちにアプローチする学習です。別の学級の6年生も入れて合計8名の男子を対象に行いました。全員男子だったので、授業の導入として「好感度」の意味の確認と「女子に聞いた好感度ベスト3」の発表で、自分事として考えられるようにしました。「ベスト3」の内容は、担任と身近な10代女子との話題で上がったことや関係職員で話し合った身につけてほしいことなどを勘案して意図的に作成しました。その後、具体的な事例を挙げて、自分の様子をチェックシートに記入する活動を行いました。チェックの際は、1人ずつ鏡を準備したり、8名全員が気心知れた間柄であることを考慮し、互いに確認し合う活動も入れ、客観的にチェックできるようにしました。

　めあてのあとは、授業の流れ（①知る、②考える、③ふり返る）を伝え、見通しをもたせました。①知るでは、最初に体全体のイラストを提示し、次に体の部位ごとにイラストや写真でよくない例を見せてから自身のチェックという活動を繰り返すことで、1つずつ意識できるようにしました。②考えるでは、具体案が児童から出ないときは、「朝起きたときにできること」などの設定を提示して具体

具体的にチェックするところを視覚化して提示した実際の板書

的な行動をみんなで考えたり、質問タイムを設けて対処法に迷って
いることを相談したりできるようにすることで、自分に合った具体
的な方法を考えられるようにしました。

　③ふり返るでは、3つの表情イラストから選ばせることで理由を
話しやすくしました。Iさんは、終始意欲的で質問タイムでは具体的
な行動を相談して自己決定し、その後、全身鏡で身なりをチェック
するようになりました。ベスト3に挙げた「身なり」や「態度」「挨
拶・返事」については、その後の自立活動で「こんなときどうす
る?」シリーズの学習計画を作成し、「態度」や「挨拶・返事」など
の好感度ベスト3で挙げた項目に沿って、ソーシャルスキルトレー
ニングとして授業を行っていきました。

> 🍃 POINT 🍃
>
> 自分のいいところを知ることや自分の身の回りの生活を振り
> 返ることで、自分のことを客観的に把握し、社会性を育む

（執筆者：まり）

小学校「自閉症情緒障害特別支援学級」の授業の事例②

ここでは、気持ちのコントロールが苦手な子どものケースを取り上げ、説明していきます。

Jさんの事例

● **小学校・自閉症情緒障害特別支援学級**
・自立活動の時間における指導
・区分：心理的な安定

● **学級編成**
2年生1名、3年生2名、6年生1名、合計4名

● **気持ちのコントロールが苦手な3年生Jさんの実態**
　Jさんは、少々不器用ですが体を動かすことが好きで、体育の時間には積極的に運動し、休み時間には友達と鬼ごっこなどをして遊んでいます。友達とかかわることが好きで、「ごめんね」「ありがとう」は素直に言えることが増えましたが、自分の思った通りにいかないことがあると、イライラして周囲にあたったり、最後まで取り組めなかったりすることがありました。そのため、皆で楽しく活動していても達成感を得られないまま時間が過ぎ、そのことにもまたイライラしてしまうという悪循環になることがありました。

実態把握から考える3ステップの組み立て

　イライラすることで活動に参加できなくなる、その結果、次の活動に参加できなくてイライラするという悪循環を改善するために、自立活動の学習を計画します。

　心理的な安定を図る際に重要なことは、「子どもと一緒に考えて約束を決める」「できる目標から取り組む」ことが考えられます。友達とかかわることが好きだというJさんの強みを活かすために、ペア学習などを意図的に取り入れます。しかし、ケンカなどにならないように、協力できるような活動にします。長期的な目標では、援助要求スキルの獲得を目指します。

■ 本時で活用した教材アイデア

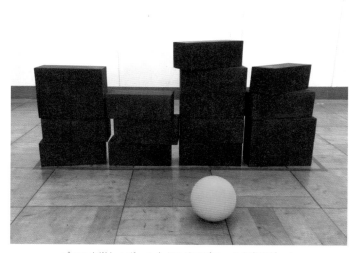

ブロック崩し：ボールをぶつけてブロックを崩すゲーム

３ ステップ で 考 え る

ステップ❶　実態把握

本人が学習上、生活上で困っていることを挙げましょう

うまくいかないときの気持ちのコントロールが難しい。

困難さの理由を６区分で考えてみましょう

からだ （健康の保持）	体力がなく疲れやすい。とてもよく食べるがお腹を壊しやすく、よくトイレに行く。
きもち （心理的な安定）	わからないことやできないことがあると投げ出してしまう。一番にこだわる。
かかわり （人間関係の形成）	かかわることは好きだが、イライラすると暴言を言い、相手を叩いたり蹴ったりする。
みる・きく・おぼえる等 （環境の把握）	個別に注意を促さないと、見逃したり聞き逃したりしてしまうことが多い。
うごき （身体の動き）	体幹が弱くバランスを取りづらい。不器用で指先を使うなど細かな作業がとても苦手。
はなす （コミュニケーション）	聞いたことが返ってこないなど、相手に合わせた会話はうまくできない。

　困難さの理由を６区分で整理してみると、全体的に指導・支援が必要なことがわかります。健康の保持では、食事量の調整や運動量の確保など、体力の向上に向けてコツコツと取り組むことが大切です。環境の把握では、全体指示のあとに個別指示を出すことで、指示を理解できるようにします。コミュニケーションについては、話の理解力についても学習が必要であるため、端的な指示や理解できる語彙を使用します。

ステップ❷　指導目標

実態から指導目標を考えましょう

長期目標	自分で気持ちを落ちつかせ、適切な表現で相手に伝えることができる。
短期目標	助けを求めたり、負けを受け入れたりすることができる。

ステップ❸　指導内容

指導目標を達成するための具体的な指導内容を考えましょう

簡単なゲームで、勝ち負けの経験を重ねる。	困ったときの援助要求の方法を決めて学習する。	イライラしたときの気持ちの切り替え方法を学習する。

指導計画（いつ、どこで、だれと）を立てましょう

自立活動の時間における指導	友だちと助け合いながら行う活動や勝ち負けのあるゲームを行う。好きなことを取り入れながら実施する。
各教科	国語や算数で難しい問題やわからない問題があったときには、教員に支援を求められるように合図や言葉を練習しておく。
各教科等を合わせた指導	—
教育活動全体	休み時間など達とかかわりながら勝ち負けを経験し、イライラしたときのクールダウンの方法を担任と考え、実施する。

　今回の指導計画では、援助要求スキルの獲得や気持ちの切り替えを主として考えました。勝つことも負けることも経験することが必要なスキルですが、意図された授業のなかで経験することができるように、具体的な授業内容を計画していきます。活動に見通しをもつための板書計画や床に目標をつけるなど、環境調整を実施しつつ、好きな活動・好きな友達・好きな教師という空間のなかで安心して学習できるように授業を考えました。

校種別に見る自立活動の授業実践のポイント

179

■「自立活動の時間における指導」の実践

◎ 授業名

『仲よく楽しく体を動かそう！』

◎ 本時の目標

最後まで活動に参加ができる

■ 本時の工夫

　授業前半は、Jさんが少し
苦手なペダロ（右写真）で
す。友達に手をつないでもら
えれば、ゴールまで進むこと
ができます。ゴールには、大
好きなトランポリンのお楽
しみが待っています。

ペダロ

　ペダロを利用する際、イライラする前であれば、友達に支援を要
求することができました。助けてほしいときにはどんな声かけが必
要かや、その後の「ありがとう」「どういたしまして」の声かけも事
前に確認しました。そして、トランポリンを20回跳んだら戻ると
いうルールを子どもたちで決めたので、Jさんも回数を守って着席
することができました。Jさんの好みや強みを活かして苦手なこと
にもチャレンジすることができました。

　この授業は特別教室を使用し、座る場所やペダロのスタートとゴ
ール地点、ブロック崩しゲームの場所などを、ケンステップやビニ
ールテープで視覚化することで見通しをもたせました。

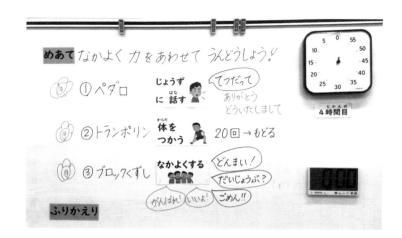

勝ち負けだけにならず最後まで参加できる工夫

後半はブロック崩しゲーム（177P写真）です。ボールで相手の
ブロックを崩した数で競います。2対2のチーム戦にして短時間のロー
テーションにすることで、試合回数を増やし、勝ち負けを経験で
きるようにしました。また、「たくさん崩したで賞」「諦めなかった
で賞」のどちらかをペアの子に向けて発表するようにし、ゲームの
勝ち負け以外にも価値をもたせるようにしました。

もしイライラして参加できなくなりそうなときには、不適切な行
動でなく、「おうえんしています」のエリアで休憩できればよいこと
にしました。Jさんは勝ちも負けも経験しましたが、諦めずに最後ま
で取り組めたことを友達に褒められ、満足げでした。

> **◆ POINT ◆**
>
> 心理的な安定を図る際には、「子どもと一緒に考えて約束を決
> める」「できる目標から取り組む」ことが重要

（執筆者：手塚知代）

小学校「特別支援学級」の
合同授業の事例

ここでは、相手の話を聞くことが苦手な子どものケースを取り上げ、説明していきます。

Kさんの事例

● 小学校・特別支援学級
・自立活動の時間における指導
・区分：人間関係の形成

● 学級編成
　1年生2名、2年生4名、3年生3名、6年生1名、合計10名

● 相手の話を聞くことが苦手な3年生Kさんの実態
　Kさんは、友達のことが好きで仲よくしたいという気持ちがあります。心地よい環境であれば、自ら好きなことを話したり、教師や友人とコミュニケーションを取ったりすることができます。一方で、座席が後方など、空間的環境が合わないと、人の話を集中して聞くことが難しいです。肘をついてぼーっとしてしまうことも多く、話の内容が入っていきません。教師に集中できていないと注意されてしまうことも多いです。

■ 実態把握から考える3ステップの組み立て

　特別支援学級は、最大で8名の学級です。そのため、学校・学年・学級の子どもたちの実態に合わせて、体育や音楽など様々な教科領域で、意図的に合同授業をすることも大切です。今回の授業では、子どもたちの実態からグループを設定して人間関係の形成の学習を計画しました。話し合い活動の場面を意図的に設定し、子ども同士のやり取りが増えるように指導を考えました。

　特に工夫をしたことは座席の位置です。「話す・聞く」という目標を明確にして、可能な限り、環境をシンプルにしました。Kさんのように環境が整うことで実力を発揮できる子には、環境調整の役割は非常に大きくなります。また、本時で使用するワークシートについては、「みんなで」というワードを使うことで、友達を意識できるようにしています。

■ 本時で活用した教材アイデア

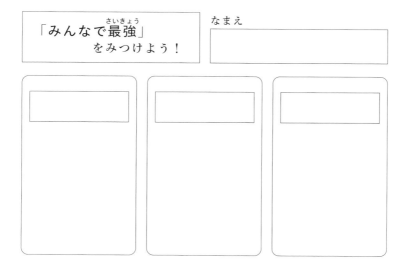

みんなで最強を目指すワークシート

3ステップで考える

ステップ❶ | 実態把握

本人が学習上、生活上で困っていることを挙げましょう

相手の話を最後まで正しく聞いて、その話題に対して反応することが難しい。

困難さの理由を6区分で考えてみましょう

からだ （健康の保持）	身の回りの環境により、話を聞くことに集中できないことがある。
きもち （心理的な安定）	状況により、緊張してしまうことがある。
かかわり （人間関係の形成）	自分にとって興味がない内容のときには、会話に参加しないことが多い。
みる・きく・おぼえる等 （環境の把握）	話された内容を自分事としてとらえることが難しいことがある。内容を理解していないこともある。
うごき （身体の動き）	机があると、話を聞くときに肘をついてしまうことが多い。
はなす （コミュニケーション）	担当の教師が変わったり、場所が変わったりすると他者とかかわることが難しいことがある。

　Kさんは、教師や場所が変わる「環境の変化」に敏感で、話す・聞くことが難しくなります。信頼関係のある相手であれば聞くことに意識を向けられるので、聞く能力そのものは強みとしてとらえることができます。そのため、意図的に環境を変化させて「聞く力」を向上できるように学習を計画をしていきます。また、6区分を整理すると、興味のない内容のときには会話への参加が難しいことや、机があると肘をついて姿勢が崩れてしまうという一面から考える

ステップ❷　　指導目標

実態から指導目標を考えましょう

長期目標	先生や友達の話を聞いて反応し、相手とコミュニケーションを取る。
短期目標	話したり聞いたりしやすい環境のなかで、先生や友達とやり取りを行う。

ステップ❸　　指導内容

指導目標を達成するための具体的な指導内容を考えましょう

教師が話したあとに、話の内容を確認する時間を設ける。	興味がある話題で話をする経験を増やす。	簡単なスピーチをする時間や友達同士で話し合い活動する場を設定する。

指導計画（いつ、どこで、だれと）を立てましょう

自立活動の時間における指導	個別での指導のほかに、3〜4人程度の小グループでテーマを設定し、話し合い活動をする。
各教科	国語の学習で、「話し方」「聞き方」の練習を行う。
各教科等を合わせた指導	日直の日には、簡単なスピーチを行う。日直以外の日には、友達の話を聞いて、知りたいことがあれば質問する。
教育活動全体	休み時間の遊びを決めるときに、友達同士で話し合いができるように声をかける。

と、話し合い活動の時間には、Kさんにとってマイナスとなる環境要因を取り除くことで、目標に向かって学習に集中できるようにします。指導内容では、まずは教師が話し手となることで、聞いていたかを確認できるようにします。その後、子どもたちが順番に話し手となることで、教師は聞き手のモデルを示し、必要な声かけをできるようにします。各教科等を合わせた指導では、話す時間や聞く時間を多く設定できるように、活動を設定していきます。

「自立活動の時間における指導」の実践

◎ 授業名
『話し合い活動をしよう！』

◎ 本時の目標
テーマに合わせた発表の内容を考えることができる。

本時の工夫

　年間を通して話し合い活動の時間を設定し、全員で話しやすいテーマにすることを大切にします。話し合いのテーマは、自分が学級の一員として帰属感をもつことができ、アイデアを出し合える、子ども同士でやり取りが生まれそうな内容を取り扱うことが大切です。学期末に行うお楽しみ会の出し物や係決めなどです。

　話し合いの手がかりとなるワークシートや掲示物を環境のなかに取り入れ、話し方や聞き方のポイントを掲示物で視覚的に示すと意識しやすくなります。自分の考えをアウトプットするまでに時間がかかる場合は、ワークシートに書く時間を十分に確保することが大切です。自分の考えをまとめるだけではなく、話す順番や相手に伝わる言葉を選ぶことができます。ワークシートを活用して話し合いをすることで、自分の考えを堂々と話すことができます。前向きに参加できることで、友達の考えを聞いて、「それ、いいね！」などと反応する様子も見られました。

　書く活動では机は必須ですが、ついつい机に体を預けたくなってしまい、姿勢が乱れてしまうことがあります。話し合うことや教師・友達の話を聞くことがねらいとなる学習では、イスのみを並べて活動を行うことで、机やお道具箱を触る、机に寝るなどの刺激を

話が聞きやすい座席の配置 「馬蹄型」

軽減することができ、学習に集中することができます。

　また、イスを写真のような馬蹄型に並べることで子ども同士が目を合わせやすくなります。全員が黒板が正面となるように配置された座席の環境では、どこを見てよいのかわからずに困っていたＫさんも、全員が話し合いに集中できるよう環境を工夫することで、「これだったら話が聞ける！」と嬉しそうに話していました。

> ◆ POINT ◆
>
> 話し合い活動の時間には、マイナスとなる環境要因を取り除くことで、目標に向かって学習に集中できるようにする

（執筆者：平間愛美）

小学校「知的障害特別支援学級」の授業の事例

ここでは、友達と遊びたいのにうまく遊べない子どものケースを取り上げ、解説していきます。

L さ ん の 事 例

● **小学校・知的障害特別支援学級**
・自立活動の時間における指導
・区分：人間関係の形成

● **学級編成**
　1年生6名

● **友達と遊びたいのにうまく遊べない1年生Lさんの実態**
　Lさんは就学前に小規模療育事業所を利用していました。個別療育が中心のため、子ども同士でのコミュニケーション経験は少なかったようです。学校生活の様子から、手順表に沿って活動に参加できる「視覚優位」であることがわかりました。はじめての活動や見通しの立たない活動はとても不安で緊張しやすく、リラックスが苦手です。授業中は周りの様子が気になり、活動に集中するのが困難です。友達とかかわることは嬉しいため、興奮状態で力みがちになり、伝えたいことを矢継ぎ早に話し、友達が困惑している様子でした。

実態把握から考える3ステップの組み立て

　全年齢について大切な視点として、生活年齢に応じた声かけ、発達年齢に応じた学習内容を意識します。特に、低学年の指導を考える際には忘れないように意識しています。

　実態把握では、Lさんの生育歴や学校生活の様子から、同年齢の子どもたちなど、子ども同士でかかわることの経験不足によるコミュニケーションの困難さが見られます。

　はじめての場所や人などへの緊張、人への興味・関心から興奮状態になってしまうなどの困難さも、その1つひとつのコミュニケーションスキル（語彙力・理解力・滑舌など）を発達年齢を意識して授業を組み立てていきます。

■ 本時で活用した教材アイデア

1	2	3	4	5	6	7	8	9	10
●	★	●	★	●	★	●	★	●	

11	12	13	14	15	16	17	18	19	20

☺	☺	☺	☺	☺	☺
Aさん	Bさん	Cさん	Dさん	Eさん	Fさん

子どもたちがワクワクするワークシート

3ステップで考える

本人が学習上、生活上で困っていることを挙げましょう

友達と仲よく遊びたいと思っているが、うまく遊ぶことができない。

困難さの理由を6区分で考えてみましょう

からだ （健康の保持）	睡眠が浅い。 疲れを感じにくい。
きもち （心理的な安定）	緊張しやすい。疲れてくるとイライラする。はじめてのことがとても不安。
かかわり （人間関係の形成）	人が好き。コミュニケーションの経験が少ない。
みる・きく・おぼえる等 （環境の把握）	模倣が苦手。 集中力がない。
うごき （身体の動き）	ボディイメージが弱い。脱力できずにずっと力んでいる。
はなす （コミュニケーション）	語彙が少ない。自分のことや思いついたことを矢継ぎ早に話す。

　Lさんは、人への興味・関心が強い反面、コミュニケーションスキルの獲得に向けた経験不足が考えられます。そのため、子どもたち同士で遊ぶ際に、教師の仲介がないと、興味・関心が困り感に変わってしまいます。6区分で整理してみると、身体への指導・支援も必要なことがわかるので、心も体もリラックスできる授業のなかで、学習できるように計画をしていきます。疲れてくるとイライラしてくるという一面もあるので、運動量は適度に設定をします。

ステップ❷ 指導目標

実態から指導目標を考えましょう

長期目標	友達と適切な距離間でかかわることができる。
短期目標	友達に誘われたり、友達を誘ったりして遊ぶことができる。

ステップ❸ 指導内容

指導目標を達成するための具体的な指導内容を考えましょう

設定された場で誘われて遊ぶ経験を積み重ねる。	成功体験が視覚的にわかるように、表とシールを活用する。	遊びたくなる場の設定をし、自分から活動できるようにする。

指導計画（いつ、どこで、だれと）を立てましょう

自立活動の時間における指導	帯時間で活動時間を確保する（毎日2時間目、教室で実施）。
各教科	—
各教科等を合わせた指導	集団で活動するよさを活かすため、単元化してクラス全体で取り組む。
教育活動全体	休み時間も友達とかかわって遊べるよう、場を設定する。

CHAPTER4 事例

校種別に見る自立活動の授業実践のポイント

　指導内容では、誘う・誘われる場面を設定し、友達と一緒に遊ぶ経験を積み重ねます。場の設定では、Lさんや学級の子どもたちができることを中心にサーキット型にすることで、誘う・誘われるという目標に向かって学習が展開できるようにします。自立活動の時間における指導では、毎日2時間目に帯で設定します。2時間目から休み時間につながるように時間割を組むことで、スキルの獲得と活用を連続的に展開できるようにします。

■「自立活動の時間における指導」の実践

◉ 授業名

『ぼうけんじまであそぼう！』

◉ 本時の目標

友達に誘われて設定された環境のなかで遊ぶことができる。

■本時の工夫

　必然的に一緒に遊ぶ環境設定を目指しました。体を動かす活動のなかで、友達との適切な距離感を意識できるように、毎時間、①体操、②メイン活動、③振り返りの流れで実施します。児童が次に何をするかを把握し、見通しをもって主体的に活動に取り組めるように工夫することが大切です。シールを活用することで児童自身が活動の成果を視覚的に実感できます。友達とペアになり、課題をクリアしたらシールを貼りますが、特別感のあるシールを使うことで、友達と一緒にやりたい意欲をもたせることもできます。

　また、ワークシートには、顔写真を提示し、一緒に遊べたら花丸をつけ、誰と一緒に活動できたかを随時記入できるようにしました。体育の運動器具を中心に使用することで、お気に入りのコーナーができ、活動に集中する様子が見られました。ワークシートの活用により、友達から誘われて遊べたことを視覚的に理解し、振り返ることができるようにします。単発の授業で終えるのではなく、毎日繰り返し取り組むことで、友達の誘い方がわかり、自分から友達に声をかける様子が見られるようになりました。

　自立活動の授業では、単発や行き当たりばったりの授業にならないことが重要です。今回の学習では、1週目は本単元の空間的環境

や運動器具の使用に慣れるため、個人遊び（学び）が充実できるようにします。自ら学びたくなる場を設定するために、4つのコーナーを設け、遊んだらそのコーナーと同じ色のシールをワークシートに貼ります。「自分で学びを選べること」と「シールが貯まること」のアプローチで意欲を高めることができるように計画します。

　2週目には、友達とかかわりながら遊べるよう環境設定に必然性をもたせます。授業の導入時に「一緒に遊ぼう」「一緒にやろう」などの言葉かけの方法をイラストと一緒に提示し、友達とかかわるための手段を確認します。また、活動中も見える場所に掲示することで忘れてしまっても確認できます。また、教師が子どもたちの実態に合わせて意図的に設定された空間を作り出すことが大切です。友達と誘う経験・誘われる経験を積み重ねることができるように、ワークシートや友達の顔写真、特別シールなど子どもたちが理解できる教材を作成して使用することが重要です。

> ✿ P O I N T ✿
>
> 毎日繰り返し実施することで、友達の誘い方がわかり、自分から友達に声をかける様子が見られるようになった

（執筆者：ごまむぎ）

中学校「知的障害特別支援学級」の授業の事例

ここでは、思いや考えを言語化することが苦手な生徒のケースを取り上げ、解説していきます。

Ｍさんの事例

● 中学校・知的障害特別支援学級
・自立活動の時間における指導
・区分：コミュニケーション、環境の把握

● 学級編成
２年生２名、３年生２名、合計４名

● 思いなどを言語化することが苦手な２年生Ｍさんの実態
　明るいＭさんは冗談を言うことが好きで、学級でも交流学級でも友達と楽しく過ごしています。お話が好きなため、これまでの出来事なども話してくれますが、長いエピソードになると話の内容がわかりにくくなり、はじめてその話を聞く人が混乱してしまいます。また、学習の際も答えがなぜそうなるのか尋ねたとき、うまく自分の根拠を言葉にすることが困難です。文章を書く際も、助詞が適切に使用できず、誤字・脱字も多いです。漢字で書くことが面倒でひらがなで書くことも多く、そのため理解しにくい文章になっています。

実態把握から考える3ステップの組み立て

　Mさんの実態から、口頭で話すことやスムーズに伝えることはできているように見られますが、内容が長くなると思考や伝える筋道の整理に時間がかかってしまいます。特に、自分の思いを文字の形でアウトプットすることに困難さが見られます。文章にする能力は、伝えたいことを頭のなかで整理する作業、助詞の活用方法や既習漢字などの知識を記憶から引き出す作業、規定の用紙のなかに収めるように調整しながら書き進める作業などを同時に情報処理・実行しなければならない高度な学習のため、期間を長く設定して継続して取り組むことが大切です。

　今回計画する自立活動では、自分との対話や自分を肯定することを取り入れています。難しい課題に感じますが、苦手意識のある内容だからこそ、肯定できるような学習内容で取り組むことが望ましいと考え、計画しました。

■ 本時で活用した教材アイデア

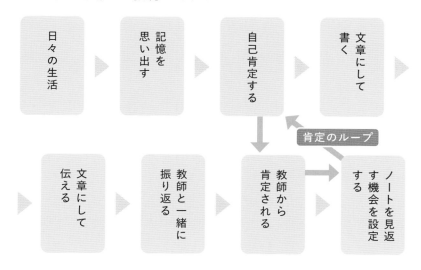

日々の生活 → 記憶を思い出す → 自己肯定する → 文章にして書く

肯定のループ

教師と一緒に振り返る ← 教師から肯定される → ノートを見返す機会を設定する

文章にして伝える ← 教師と一緒に振り返る

195

CHAPTER 4 事例

校種別に見る自立活動の授業実践のポイント

3 ステップで考える

ステップ❶	実態把握

本人が学習上、生活上で困っていることを挙げましょう

自分の思いや考えを言語化して伝えることが苦手。

困難さの理由を 6 区分で考えてみましょう

からだ (健康の保持)	姿勢がわるい。
きもち (心理的な安定)	自分の思いや考えがラベリングできておらず、言葉になっていない。
かかわり (人間関係の形成)	人間関係を保つため、嫌なことをされても嫌と言えない。
みる・きく・おぼえる等 (環境の把握)	字形が整わない。漢字を誤って覚えていることがある。促音・拗音の位置を聞いて話すことはできても、文字に表わすときにずれてしまう。
うごき (身体の動き)	集中する時間が短く、落ちつくことが難しい。
はなす (コミュニケーション)	滑舌がわるい。文章がまとまらず、言いたい内容が伝わりづらい。

　Mさんの困難さを6区分で整理をすると、コミュニケーションにおいて自分の考えを整理し、言語化して伝えることが難しく、環境の把握では書く力に困難さが見られます。その結果、作文や日記など、文章で気持ちを伝えようとすると、本人が自覚できるほどの困難さとなることがわかります。苦手意識のある学習だからこそ、自分を褒めて肯定できるような内容を計画したいと考えました。

ステップ② 指導目標

実態から指導目標を考えましょう

長期目標	自分の思いが相手に伝わる文章を書くことができる。
短期目標	日常の出来事を言語化することができる。

ステップ③ 指導内容

指導目標を達成するための具体的な指導内容を考えましょう

日々の学びや自分への労わりの言葉を言語化する。	毎日マイレターノートのフィードバックをして文の書き方を学ぶ。	語彙を増やし、正しい文章を書く練習をする。

指導計画（いつ、どこで、だれと）を立てましょう

自立活動の時間における指導	家庭学習で取り組んだマイレターノートのフィードバックと文章の書き方の確認を必要に応じて行う。 定期的に自分の努力を文章化させる課題に取り組ませる。
各教科	語彙力育成のために問題集に取り組んだり、短めの国語の文章問題の本文を視写したりする。
各教科等を合わせた指導	進路学習において、自分の思いを言葉にして調べた内容を本章でまとめる。
教育活動全体	自分の思いや考えを述べる場面を作り、書いたり発表したりする。

校種別に見る自立活動の授業実践のポイント

　長期目標は「文章にすること」にし、そのステップとして、日常の記憶から出来事を思い出して「言語化」することを短期目標に設定しました。指導計画では、各教科の指導で、語彙力の獲得や文章に触れる機会を設定します。教育活動全体では、書く機会や書いたことを発表する機会を設定することで、考えを言語化する経験を積んでいけるように計画しました。

■ 「自立活動の時間における指導」の実践

◉ 授業名
『マイレターノートを書こう』

◉ 本時の目標
マイレターノートを通して、日々の出来事を言葉にできる。

■ 本時の工夫

　マイレターノートとは、かんころ氏が開発した、ダイアリー・ギフト・マイレターで構成されている自分との対話ツールのことです（『世界一カンタンな自信のつけ方』かんころ著、KADOKAWA）。ダイアリーは日記、ギフトは日々の出来事より得た学び、マイレターは1日を振り返り、自分へ労わりの手紙のことです。

　日記は別冊に書き、ギフト・マイレターをまとめた冊子を作りました。まずはどのように書いていくのかを説明し、その日から家庭学習として取り組んでもらいました。以降、毎日書いてきたものを添削し、難しい場合は一緒に考える時間を取りました。

　最初はMさんも何を書いていいのかわからず、ほぼ毎日30分ほどかけて添削をしていました。どのような経験をし、そこから何を感じ取ったのか、何を知ったのかなど、丁寧な聞き取りをして言語化を手伝い、文章の書き方も一緒に指導しました。夏休みを挟み、マイレターノートを溜め込んだことで書き方を忘れてしまったため、9月から再度繰り返しました。

　すると自分なりのギフト（今日の学びやあってよかったこと）の導き出し方がわかり、自力で書けるようになりました。書き方がパターン化しないように、様々な書き方・伝え方があるということを

学習しました。授業ではスムーズにギフトを導き出せていたものの、日々の課題では面倒くささが勝り、いつものパターンで書いていました。「漢字を使って別のものを書いてほしい」と伝えたところ、下記のものができ上がりました。

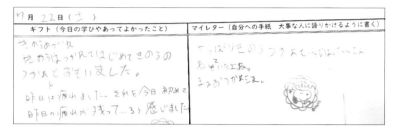

2冊目。ひらがなが多く、文意がわかりにくい。

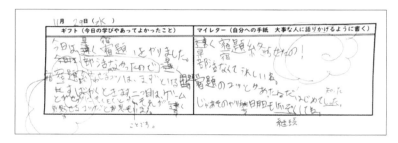

6冊目。誤字はあるものの、文意は理解しやすくなっている。量も増え、自分の力で経験を言葉にできるようになってきた。

> ◢ POINT ◣
>
> 自分の思いを文章にするための学習は高度なため、期間を長く設定して継続して取り組むことが大切。

（執筆者：松本理沙）

CHAPTER 4-8

特別支援学校高等部「知的障害」の授業の事例

ここでは、自分から発信することが少ない生徒のケースを取り上げ、解説していきます。

Nさんの事例

● **特別支援学校高等部・知的障害**
・教育活動全体
・区分：コミュニケーション、人間関係の形成

● **学級編成**
　1年生6名

●**自分から発信することが少ない1年生Nさんの実態**
　Nさんは、教師から話しかけてもうなずきや「はい」という小さな返答くらいで、自ら教師や友達にコミュニケーションを取ることは少なく、話しかけると「えー」などと言葉にできないところがあります。指示されたことには真面目に取り組み、細かい作業も丁寧に行えます。休み時間は、好きな絵を描いたり細かい作業に没頭したりすることが多いです。自らの気持ちを伝えられないことで起こる本人の困り感は、入学当初は見えませんでしたが、就労を視野に入れ、この課題を考えることにしました。

▌実態把握から考える3ステップの組み立て

　Nさんの実態から、コミュニケーションや人間関係の形成に指導・支援が必要だと考えました。しかし、自立活動の時間における指導のみでは、日常生活の雰囲気と離れてしまうと判断し、授業中には社会性を育むことができるようコミュニケーションスキルの獲得に向けての知識を蓄え、教育活動全体を通して日常的に指導をする計画を立てることにしました。

　Nさんが好きなアイロンビーズや塗り絵を休み時間や隙間時間に取り組めるように環境を整えました。好きなものを話題にした会話が増えると考えたからです。Nさんは、かんしゃくを起こすわけでもなく、誰かに迷惑をかけるわけでもないので、会話をしなくても日常を過ごすことはできます。教師が子どもたちの課題設定を見逃してしまうと、成長の機会を奪うことにもつながります。本事例では、Nさんの就職や自立を目指して目標を設定しました。

■ 行き過ぎた支援は二次障害を引き起こす原因にもなる

達成すべき課題・目標	→	何もしなくても解決する	→	支援待ちが日常化	→	やってくれないとかんしゃく。無気力など〈二次障害〉

問題行動がないからこのままで大丈夫だろう。できないだろうから支援しよう　など

常に生活年齢や発達年齢に応じた目標設定を考え、実態把握・計画・実践・評価のサイクルを意識する

3ステップで考える

ステップ❶ **実態把握**

本人が学習上、生活上で困っていることを挙げましょう

自分の思いや考えを表出することが難しい。

困難さの理由を6区分で考えてみましょう

からだ （健康の保持）	—
きもち （心理的な安定）	1人で行動することが苦ではない。
かかわり （人間関係の形成）	発信する必要性を感じていない。自分から挨拶をしたり、声をかけたりすることはほぼない。
みる・きく・おぼえる等 （環境の把握）	周りの動きを見て行動することが多い。
うごき （身体の動き）	—
はなす （コミュニケーション）	声が小さいため、相手に聞こえないことが多い。

　Nさんの実態を6区分で整理すると、心理的な安定において、「1人で行動することは苦ではない」様子が見られます。これは、本人にとって他者とのかかわりが少なくてもストレスを感じていない、1人で過ごすことが好きという強みにとらえることもできます。しかし、自立活動の目標は、将来の自立と社会参加です。市役所で手続きをするとき、誰かに助けを求めたいときなど、最低限のコミュニケーション能力が備わっていないと、社会生活を送るのが困難に

ステップ❷	指導目標

実態から指導目標を考えましょう

長期目標	自分の思いや考えを整理して伝えたり、やり取りしたりできるようになる。
短期目標	自分の思いを整理して伝えられるようになる。

ステップ❸	指導内容

指導目標を達成するための具体的な指導内容を考えましょう

できごとや気持ちを書き出して（日記など）整理する。	好きな活動を通じて、教師とコミュニケーションを取る機会を作る。	SSTのプリントで気持ちなどの整理を行う。

指導計画（いつ、どこで、だれと）を立てましょう

自立活動の時間における指導	日記からできごとや自分の気持ちを教員と確認する。朝の時間にSSTのプリントをする時間や教員と話をする時間を取る。
各教科	授業内で意識的に発言する機会を作る。
各教科等を合わせた指導	—
教育活動全体	好きな活動や得意な活動を中心にして自然と必要な言葉を発信する機会を作る。

なります。学校生活では、小集団や集団、教師や友達など、複数人で生活する場でもあるので、まずは、自分の好きな活動や得意なことを中心に話題を広げ、コミュニケーションの機会を設定できるように計画を考えました。自立活動の時間における指導では、SSTなどを定期的に実施し、教育活動全体では、意図的にアイロンビーズや塗り絵などの得意なことに取り組める環境を整えていけるように計画しました。

■「自立活動の時間における指導」の実践

◉ 授業名
『自分のことを知ろう！』

◉ 本時の目標
自分の思いを伝えよう。

■ 本時の工夫

　Nさんは書くことが好きなため、文章を書くなかで自分について考えていくように取り組みました。まずは毎日、3行日記を書き進めることで、強みを活かして自分のことを知る機会を設定しました。コツコツ取り組むことが得意なNさんは、毎日、3行日記を書くことができていました。3行日記のなかから話す話題を見つけ、教員からNさんに話しかけて会話をしました。はじめは、教員からの問いかけに反応が少なかったですが、日常のおもしろい出来事などを日記に書いてくれるようになり、少しずつ話題が広がり、会話が続くようになりました。自分から教師へ、主体的にその日の出来事などを伝えてくれることも増えていきました。

　Nさんの表情や会話の内容から、Nさんは自分の思いを伝える時間はかかるが、コミュニケーションを取る楽しさを少しずつ感じているように見えました。

　Nさんは、自分から話すことは得意ではないが、細かい作業やコツコツ行うことが得意です。得意な塗り絵やアイロンビーズの制作中に自然に会話をする機会を設けることで、明るい雰囲気のなかで、情緒が保たれコミュニケーションにつながりました。

■ コミュニケーションの中心に「好きな活動」を設定する

アイロンは教師が管理をすること、必要なものがあるときには、教師に伝えて道具を借りるなどのルールを約束したことで、「アイロンを使いたいので貸してください」「ほかに塗り絵はありますか」など、必要なタイミングで必要な言葉を伝えてくれるようになりました。

Nさんが好きな活動を行えるよう設定したことにより、教員自身も、会話のなかで「どんな作品ができたの」「この色合いがいいね」など作品の話などが自然と増えていきました。また、クラスの友達がNさんの作品を見て、「すごいね」と伝えてくれることもありました。同じようにアイロンビーズをする友達に「上手だね」とNさんから声をかける様子も見られるようになりました。好きなことや得意なことをきっかけに、クラスで輪ができた場面となりました。

> 🍀 POINT 🍀
>
> 休み時間などに好きな活動に取り組めるよう環境を整えたことで、主体的に会話や声かけができるようになった

（執筆者：笑実）

巻 末 資 料

いるかどり式
3 ステップで考える自立活動シート

| ステップ❶ | 実態把握 |

本人が学習上、生活上で困っていることを挙げましょう

困難さの理由を 6 区分で考えてみましょう

からだ （健康の保持）	
きもち （心理的な安定）	
かかわり （人間関係の形成）	
みる・きく・おぼえる等 （環境の把握）	
うごき （身体の動き）	
はなす （コミュニケーション）	

ステップ❷　指導目標

実態から指導目標を考えましょう

長期目標	
短期目標	

ステップ❸　指導内容

指導目標を達成するための具体的な指導内容を考えましょう

指導計画（いつ、どこで、だれと）を立てましょう

自立活動の時間における指導	
各教科	
各教科等を合わせた指導	
教育活動全体	

3つの環境から考える児童の実態把握〈強み〉
[～だとできる。～を知っている。]

	人的環境	物的環境	空間的環境
知っていること			
できること			
得意なこと			
好きなこと			

※箇条書きにして書き出していきます。すべて埋めなくても大丈夫です

3つの環境から考える児童の実態把握〈困難さ〉
[～だと難しい。～に苦手意識がある。]

	人的環境	物的環境	空間的環境
知らない こと			
できないこと			
苦手なこと			
嫌いなこと			

※箇条書きにして書き出していきます。すべて埋めなくても大丈夫です

子どもを中心に考える連携マップ〈地域〉

学 校
目標：

スクールカウンセラー
担当：

スクールソーシャルワーカー
担当：

保 健
担当：

本 人
目標：

医 療
担当：

福 祉
担当：

保護者
目標：

労 働
担当：

子どもを中心に考える連携マップ〈学校〉

担 任
役割：

交流学級担任
役割：

学年主任・学年の先生
役割：

生徒指導主任・教育草案主任等
役割：

本 人
目標：

特別支援教育コーディネーター
役割：

スクールカウンセラー
役割：

スクールソーシャルワーカー
役割：

学校長・教頭・主幹教諭
役割：

CHAPTER 5

巻末資料

児童の実態から考える関連項目

	児童の実態（例）	関連する項目（例）
健康の保持	□ 朝に起きることが難しい。睡眠欠乏や過眠がある □ 食事をする際に、少食・過食・偏食がある □ 常に長袖を着ている。または常に半袖を着ている □ 清潔感の意識が難しい（髪、顔、歯、体、爪など）	生活のリズムや生活習慣の形成
	□ 自分が病気のときに把握や理解が難しい □ 自分のストレスの原因や理解が難しい □ 自分のストレスへの対応が難しい □ 服薬している薬の理解や管理が難しい	病気の状態の理解と生活管理
	□ 自分のケガの痛みの把握や理解が難しい □ 自分の身体に関心がない。興味がない	身体各部の状態の理解と養護
	□ 失敗をすると、自分を否定的にとらえてしまう □ 大きな音がすると不安定になる □ 視覚刺激が強いと不安定になる	障害の特性の理解と生活環境調整
	□ 体力がない □ すぐに疲れる □ 運動量が少ない □ 暴飲暴食、偏食、夜食、食生活に課題がある □ 睡眠時間が少ない。昼夜逆転している	健康状態の維持・改善
心理的な安定	□ 常にイライラしている □ 落ちつきがない □ 予定の変更や状況が変化すると不安になる □ 集団行動が苦手、参加することが難しい	情緒の安定に関すること
	□ 場面や状況の理解が難しい □ 急な予定変更やルール変更の受け入れが難しい □ 順番や順位、勝敗、やり方でパニックになる	状況の理解と変化への対応に関すること
	□ 興味・関心の偏り □「どうせ…」「無理…」をよく言う □ 夢中になることが少ない	改善・克服する意欲に関すること
人間関係の形成	□ 教師や友達に不信感がある言動が見られる □ 他者に関心がない。共同生活や活動が難しい □ 会話のキャッチボール、礼儀やTPOの理解が難しい	他者とのかかわりの基礎に関すること
	□ 教師や友達の言葉の意味や感情の理解が難しい □ 笑うタイミング、冗談やことわざの理解が難しい □ 表情や声の調子から相手の感情を理解するのが難しい	他者の意図や感情に関すること
	□ 何度も同じ注意や指導を受ける □ 衝動的な感情や行動が抑えることが難しい □ 気持ちがあわてる、焦ることで失敗することある	自己の理解と行動の調整に関すること
	□ 場面や状況に応じた言葉選びや行動が難しい □ ルールや決まりを守ることが難しい □ 集団活動や小集団活動に参加することが苦手	集団への参加の基礎に関すること

	児童の実態（例）	関連する項目（例）
環境の把握	□ 物を見る時、顔全体や見る対象物を傾ける □ 聞くことが難しい □ 記憶することが難しい	保有する感覚の活用に関すること
	□ 視写、書字、音読、図形模写等が難しい □ 指示を聞いて、自分で考え、判断して行動することが難しい □ 音や感触などの感覚過敏からパニックになる	感覚や認知の特性についての理解と対応に関すること
	□ 視力が低いが眼鏡やコンタクトを使用したくない □ 支援機器（補聴器等）の管理や操作が難しい □ タブレットやパソコン等の管理や操作が難しい	感覚の補助及び代行手段の活用に関すること
	□ 複数のルールや複雑なルールがある活動が難しい □ 場面や状況から、するべきことを見出すことが難しい（整理整頓、掃除等） □ 複数の情報を整理して、判断することが難しい	感覚を総合的に活用した周囲の状況の把握と状況に応じた行動に関すること
	□ 抽象的概念の理解が難しい □ 口頭指示が通りにくく、具体物がないと理解が難しい □ 場面に合わない突拍子もない行動を取る	認知や行動の手がかりとなる概念の形成に関すること
身体の動き	□ 常に、体が動いている。椅子に座ることが難しい □ 起立や着座で姿勢維持が難しい □ 運動に苦手意識がある（歩く、走る、投げるなど） □ 身体に麻痺があり、円滑に動かすことが難しい	姿勢と運動・動作の基本的技能に関すること
	□ 必要な補助用具の理解が難しい □ 必要な補助用具の活用が難しい	姿勢保持と運動・動作の補助的手段の活用
	□ 靴ひも結びや洋服でボタンの着脱等が難しい □ はさみ、カッター、定規、分度器、消しゴムなどの扱いが難しい	日常生活に必要な基本動作に関すること
	□ 身体的機能上の課題により、1人で移動することが難しい	身体の移動能力に関すること
	□ 身体の動きにより作業活動に取り組むことが難しい（制作、調理等での手先を使った活動） □ できないとすぐに投げ出す。すぐに飽きる	作業に必要な動作と円滑な遂行に関すること
コミュニケーション	□ 人に伝えようとする意識が少ない □ 教師や友達、周りの人に関心がない □ 身振りや表情の意味の理解や活用が難しい	コミュニケーションの基礎的能力に関すること
	□ 会話の中で使用される語彙が少ない □ 相手の話や気持ちを受け入れることが難しい □ 考えを整理し、順序立てて話すことが難しい	言語の受容と表出に関すること
	□ 生活上使う言葉や語彙の理解が不足している（物の名前、形容表現、抽象表現） □ 文章の読解力が乏しい □ 助詞等の理解が難しい	言語の形成と活用に関すること
	□ ICT、文字ボードなどを活用したコミュニケーション手段の理解や活用が難しい	コミュニケーション手段の選択と活用に関すること
	□ 人と人の話に割り込む、場違いな質問をする □ 文面から相手の意図を想像することが難しい □ 場面や状況にあった言動が難しい（話し方、メモを取る、うなずく）	状況に応じたコミュニケーションに関すること

カバーデザイン　山之口正和（OKIKATA）
本文デザイン・DTP　初見弘一（TOMORROW FROM HERE）

学校種別の事例でポイントがわかる！
特別支援教育「自立活動」の授業づくり

2024年4月1日　初版第1刷発行
2024年4月25日　初版第3刷発行

著　者　いるかどり／武井恒／滝澤健
発行人　片柳秀夫
編集人　志水宣晴
発　行　ソシム株式会社
　　　　https://www.socym.co.jp/
　　　　〒101-0064 東京都千代田区神田猿楽町1-5-15 猿楽町SSビル
　　　　TEL：(03)5217-2400（代表）
　　　　FAX：(03)5217-2420

印刷・製本　シナノ印刷株式会社